PRAXIS ideen
Schriftenreihe für Bewegung, Spiel und Sport

Koordinativ-Orientierte Sportarten

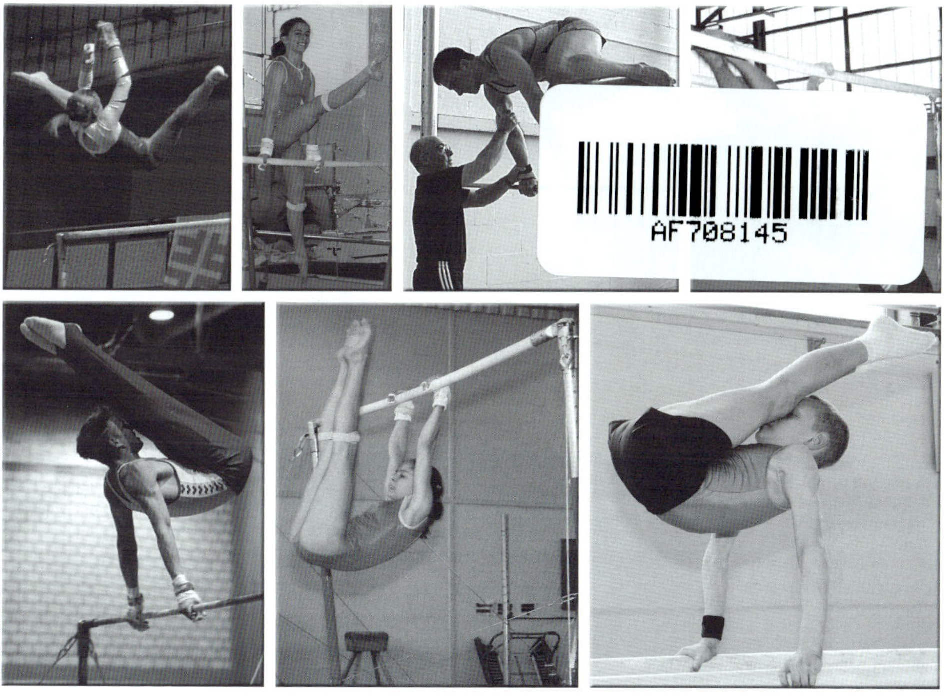

Band 2

Turnen an Geräten

Lehren und Lernen – Barren, Reck, Stufenbarren

Jürgen Leirich / Hans-Günther Bernstein / Ingrid Gwizdek

hofmann.

Bibliografische Information der Deutschen Nationalbibliothek

Die Deutsche Nationalbibliothek verzeichnet diese Publikation in der Deutschen Nationalbibliografie; detaillierte bibliografische Daten sind im Internet über http://dnb.d-nb.de abrufbar.

Bestellnummer 0471

Autoren:

Prof. Dr. Jürgen Leirich	Kapitel 1–3
Dr. Hans-Günther Bernstein	Kapitel 4
Dr. Ingrid Gwizdek	Kapitel 5

Bildreihen: Dr. Rolf Wünsche
Cover-Fotos: Bernstein, Leirich, Wiedemann

Erschienen als Band 47
der PRAXISIDEEN – Schriftenreihe für Bewegung, Spiel und Sport.

Grafik, Layout und Satz: www.consekwent.de

Druck und Verarbeitung: Druckerei Djurcic, 73614 Schorndorf
Printed in Germany · ISBN 978-3-7780-0471-5

INHALT

Kapitel 1

Einführung

Lehren und Lernen im Gerätturnen

1.1 Allgemeines

1.2 Spezielle Probleme des Lehrens und Lernens

1.2.1 Die Phasen des motorischen Lernens

1.2.2 Lehren und Lernen als geschlossenes System

1.2.3 Funktion und Bedeutung der Bewegungsvorstellungen

1.2.4 Bewegungslernen und Koordinationsmodell

Einführung

Der vorliegende Band „Gerätturnen – Lehren und Lernen“ in der Reihe „Praxisideen“ widmet sich den grundlegenden theoretischen Positionen zum Lehren und Lernen, der methodischen Systematik des Gerätturnens und den Grundlagenübungen an den Geräten Barren, Reck und Stufenbarren, wobei die Aspekte des Lehrens und Lernens, der Methoden, der Fehlerkorrektur und des Helfens und Sicherns besonders herausgearbeitet werden. Die Autoren knüpfen an den Band 29 der „Praxisideen“ an, der sich unter dem Titel „Turnen an Geräten“ mit der strukturellen Systematik, der Terminologie, dem Alternativen Turnen und den praktisch-methodischen Grundlagen der Übungen an den Sprunggeräten und am Boden befasste.

Das Turnen/Gerätturnen gehört zu den Grundsportarten und wird als die „Kinderstube des Sports“ bezeichnet, denn hier können vielfältige Bewegungs- und Körpererfahrungen gesammelt werden, die das Erlernen von Fertigkeiten im Gerätturnen aber auch in anderen Sportarten vorbereiten und erleichtern. Das Erlernen, Üben und Trainieren der Gerätübungen fördert die Entwicklung der koordinativen und konditionellen Fähigkeiten sowie weiterer Persönlichkeitseigenschaften und sichert Handlungskompetenzen im Alltag und im Sport sowohl der Kinder und Jugendlichen aber auch der Erwachsenen.

Der Untertitel verweist auf die Schwerpunkte Lehren und Lernen. Damit soll zum Ausdruck gebracht werden, dass sich die Autoren vor allem an die Anwendungsbereiche Kinderturnen im Verein und Schulturnen wenden, aber auch an Studierende der Sportwissenschaft, an Sportlehrerinnen und -lehrer sowie an Übungsleiterinnen und Übungsleiter. Der Leser erhält Informationen über wichtige Prozesse des Lehrens und Lernens im Gerätturnen. Die Technik der grundlegenden Turnelemente wird anhand von Abbildungen beschrieben, es werden die methodischen Schritte des Erlernens abgeleitet und Vorschläge für Möglichkeiten der Leistungssteigerung unterbreitet. Neben den allgemeinen Aspekten der Fehlerkorrektur werden anhand der konkreten Übungen die Fehler analysiert und Maßnahmen ihrer Beseitigung vorgeschlagen. Im Rahmen der methodischen Reihen werden für die einzelnen Techniken auch konkrete Hinweise für das Helfen und Sichern gegeben. Es dient der Verhütung von Unfällen, und es hat eine wichtige Bedeutung für das effektive Erlernen der Turnübungen.

Das Buch möchte einen Beitrag leisten, die Tätigkeit von Lehrern, Trainern und Übungsleitern zu qualifizieren und das Gerätturnen auch wieder für die Schule attraktiver zu machen. Wenn Lernprozesse erfolgreich verlaufen und Schülerinnen und Schüler die Werte eigener Körperbeherrschung freudvoll erleben, dann wird auch wieder gern geturnt werden.

1 Lehren und Lernen im Gerätturnen

1.1 Allgemeines

Methodische Systematik

Zielstellung der Ausbildung ist es, die Lernenden möglichst schnell zum Erfolg zu führen, wobei die zu erlernende Übung im Ergebnis der Vermittlung und des Übens technisch richtig ausgeführt werden soll. Das gelingt in der Regel nicht ohne den Einsatz methodischer Mittel. Die *methodische Systematik* bezieht sich auf die Art und Weise der Stoffbehandlung. Sie stellt ein System von Maßnahmen bereit hinsichtlich der Auswahl, der notwendigen Voraussetzungen (Vorbereitung) für das Erlernen einer neuen Übung (Zielübung) und der Abfolge (Reihung) ihrer Aneignungsschritte. Auch die weiterführenden Möglichkeiten der Leistungssteigerung sind Bestandteil der methodischen Systematik. Damit wird dem Lehrer, Trainer und Übungsleiter die notwendige Handreichung zur Verfügung gestellt.

Die methodische Arbeit beginnt mit der Analyse der Ausgangsbedingungen:

- Einordnung der Übung in das Bildungs- bzw. Trainingskonzept / Stoffplanung.
- Bestimmung der konditionellen, koordinativen und psychischen Leistungsvoraussetzungen sowie der bereits gekonnten Übungen und Bewegungserfahrungen.
- Berücksichtung der organisatorischen und pädagogischen Rahmenbedingungen.

Davon ableitend werden die erforderlichen Lernschritte und Ausbildungsschwerpunkte geplant. Die Zielübung wird umso schneller und sicherer gelernt, je besser die einzelnen Lernschritte aufeinander abgestimmt sind. Der nächst folgende Lernschritt kann erst dann durchgeführt werden, wenn der vorausgehende zu dem gewünschten Erfolg geführt hat. Das bedarf der ständigen lernbegleitenden Analyse durch den Lehrenden. Diese für den einzelnen Schüler zutreffende Forderung ist hinsichtlich der Arbeit in Gruppen (Riegen) zu modifizieren, um einer differenzierenden Lehrtätigkeit Rechnung zu tragen. Eine methodische Reihe ist also ständig an das erreichte Niveau anzupassen, und sie darf niemals dogmatisch gehandhabt werden. Hinzu kommt, dass bei ihrer Anwendung viele persönliche Erfahrungen einfließen. Aus diesem Grunde soll ausdrücklich festgestellt werden, dass die vorgeschlagenen methodischen Reihen für die einzelnen Übungen im Sinne einer wesentlichen Orientierung aufzufassen sind und selbstverständlich Raum lassen für weiterführende methodische Schritte.

Pädagogische Grundsätze

Ihnen liegen *pädagogische Grundsätze* zu Grunde, wie:

- Systematik
- Planmäßigkeit
- Fasslichkeit
- Differenzierung

1.2 Spezielle Probleme des Lehrens und Lernens

Um eine Sportart überhaupt betreiben zu können, bedarf es der Ausbildung sportmotorischer Fähigkeiten und Fertigkeiten. Es ist für das Gerätturnen als technisch-koordinative Sportart typisch, dass ständig neue Übungen zu lernen und zu vervollkommnen sind, um sie dann in Übungsverbindungen zu turnen. Das setzt eine hohe Kompetenz der Lehrenden voraus, damit diese Prozesse effektiv verlaufen und das bedeutet, dass in möglichst kurzer Zeit bestmögliche Lernergebnisse erreicht werden.

„Die Genese des sportmotorischen Könnens, speziell die Genese sportmotorischer Fertigkeiten, also das motorische Lernen, gehört darum zum erforderlichen Grundwissen aller Sportlehrer, Trainer, Übungsleiter und ist ein unverzichtbarer Bestimmungsfaktor für das methodische und didaktische Vorgehen“ (Meinel & Schnabel 1998, 147).

Motorisches Lernen

Motorisches Lernen dient der Aneignung von Fertigkeiten und hat motorisches Können zum Ziel, aber es ist stets auch mit **mentalem Lernen** verbunden, weil es ebenso um die Aneignung des entsprechenden Wissens über die Technik und die Entwicklung adäquater Bewegungsvorstellungen geht.

Kausalitäten müssen verstanden worden sein, um überhaupt den Erklärungen folgen und die Korrektur von Fehlern realisieren zu können.

1.2.1 Die Phasen des motorischen Lernens

Lernphasen

Das Lernen motorischer Fertigkeiten vollzieht sich in 3 Phasen, wobei die Übergänge fließend sind. Für die einzelnen Phasen gibt es Merkmale, an denen man den jeweiligen Lernstand erkennen kann. Davon ableitend werden die methodischen Maßnahmen bestimmt.

Es wird in folgende Phasen unterschieden:

1. Lernphase:	Entwicklung der Grobkoordination
2. Lernphase:	Entwicklung der Feinkoordination
3. Lernphase:	Stabilisierung der Feinkoordination und Entwicklung der variablen Verfügbarkeit

1. Phase: Entwicklung der Grobkoordination (Grobform)

Grobkoordination

Die Entwicklung der *Grobkoordination* umfasst den Lernverlauf vom ersten Bekanntmachen bis zur prinzipiell selbstständigen Ausführung. Der Lernprozess beginnt mit dem Erfassen der Lernaufgabe und der Entwicklung der ersten Vorstellung vom Bewegungsablauf.

Merkmale:

- große Differenz zwischen Technik-Leitbild und Ausführung
- falscher Krafteinsatz (zu locker oder verkrampft)
- kein Bewegungsfluss (Pausen, „abgehackte Ausführung“)
- geringe Präzision (Ablauf-, Zielgenauigkeit)
- Fehler im Bewegungstempo
- viele Fehlversuche
- starke Bindung an die jeweiligen Bedingungen

Auf Grund der auftretenden Fehler und dem deutlichen Abweichen von der bewegungstechnischen Norm sind erhebliche Korrekturen erforderlich. Da der Lernende die eigenen Fehler noch nicht wahrnimmt, müssen Lehrer bzw. Übungsleiter die Bewegungen aufmerksam beobachten und individuell korrigieren. Mit dem weiteren Üben und dem damit verbundenen Analysieren sowie der Umsetzung der Korrekturhinweise vollzieht sich schrittweise der Übergang von der Grobkoordination zur feinkoordinierten Bewegung.

2. Phase: Entwicklung der Feinkoordination (Feinform)

Die Phase der Entwicklung der Feinkoordination erstreckt sich von der Grobkoordination bis zu einem Stadium, in dem der Lernende die Bewegung weitgehend fehlerfrei ausführen kann. Einhergehend damit erfolgt auch die Vervollkommnung der Bewegungsvorstellung. Fehlerhafte Bewegungsvorstellungen führen zu fehlerhafter Ausführung. Durch Üben, Fehlerkorrektur und Kenntnisvermittlung präzisieren sich die Bewegungsvorstellungen.

Merkmale:
- Die Bewegungsaufgabe wird unter gewohnten Bedingungen (ohne Störungen) fehlerfrei ausgeführt
- Bewegungsstruktur entspricht der Zieltechnik (optimale Ausprägung der Funktionsphasen)
- im Verlauf des Lernens können Stagnationen (Lernplateau) eintreten
- bei Störeinflüssen können wieder Fehler auftreten.

Feinkoordination

In dieser Lernphase ist es sehr wichtig, dass keine Fehlbewegungen Bestandteil der *Feinkoordination* werden. Man sagt: Wiederholung ohne zu wiederholen, das heißt, mit jedem Übungsversuch muss eine Verbesserung der Bewegung stattfinden. Das aber ist kein linear ansteigender Prozess. Es gibt durchaus Stagnationen, die man als Lernplateaus bezeichnet.

3. Phase: Stabilisierung der Feinkoordination und Entwicklung der variablen Verfügbarkeit
Die Bewegung wird stabil in bestmöglicher Ausführung (Techniknorm) auch unter schwierigen und variierenden Bedingungen, das heißt, in Übungsverbindungen realisiert. Die Bewegungskontrolle wird in diesem Stadium von niederen Zentren des zentralen Nervensystems vorgenommen, das heißt, dass nicht mehr alle Details der Bewegungen bewusst kontrolliert werden müssen („die Übung wird im Schlaf beherrscht"). Man spricht auch von der automatisierten Bewegung. Die Ausführung ist zwar nicht in allen ihren Details bewusstseinspflichtig, aber sie ist bei Auftreten von Störungen durchaus bewusstseinsfähig.

Merkmale:
- höchste sportliche Leistungen auch im Wettkampf
- variable Verfügbarkeit, d. h. Anpassung der Technik an die Erfordernisse der Übungsverbindungen
- optimale Bewegungsausführung auch bei zunehmender Belastung und Ermüdung

1.2.2 Lehren und Lernen als geschlossenes System

Zwischen Lehrer bzw. Trainer und Schüler bzw. Sportler bestehen im Prozess des Lehrens und Lernens vielfältige Kommunikationsbeziehungen, die wie folgt zu kennzeichnen sind:

- Lehrer bzw. Trainer und Lernende sind wechselseitig miteinander verbunden
- Der Lehrende regelt seine Tätigkeiten auf der Grundlage von Rückinformationen des Verhaltens seiner Schüler bzw. Sportler
- Er wiederholt und präzisiert seine Informationen und verändert gegebenenfalls das methodische Programm
- Er bewertet Lernergebnisse
- Der Übende nimmt die Informationen und Bewertungen seines Handelns auf, um die Bewegung zu lernen, zu korrigieren und zu vervollkommnen

Der Mensch lernt durch Kontakte mit anderen Menschen, wobei die Sprache eine wesentliche Voraussetzung ist, denn motorisches Lernen ist an Aufnahme, Verarbeitung und Weitergabe von Informationen gebunden. Bewegungsaufgabe, Zweck und Ziel müssen verstanden worden sein und Rückinformationen sind erforderlich, um die Motivation zu erhalten und Korrekturen vorzunehmen – d. h. um zu lernen!

Erfolgreiches Lernen ist auch an die folgenden Bedingungen gebunden:

- Voraussetzung für erfolgreiches Lernen ist ein entsprechendes Niveau an konditionellen und koordinativen Fähigkeiten
- Das Lernen erfordert die kognitive Verarbeitung der erteilten Informationen (Bewegungsanweisungen, Erklärungen und Korrekturen)

Mitdenken beim Lernen

Es gilt der Grundsatz auch für motorisches Lernen: Nicht gedankenloses Wiederholen, sondern *Mitdenken beim Lernen*!

In Abb. 1 sind die Lehrer-Schüler-Beziehungen veranschaulicht.

1. Der Lehrer bzw. Trainer verfügt über Kenntnisse, Bewegungsvorstellungen, und er legt seiner Lehrtätigkeit in Abhängigkeit vom Alter und Ausbildungsstand seiner Schüler ein methodisches Programm zu Grunde.
2. Die Übung wird vorgemacht, wobei auch Anschauungsmittel eingesetzt werden können.
3. Es werden darüber hinaus Informationen in Form von Bewegungsbeschreibungen und Erklärungen gegeben. Neue Begriffe müssen erläutert werden, weil nur das verarbeitet werden kann, was auch sprachlich verstanden wird (gemeinsamer Zeichenvorrat).
4. Der Schüler/Sportler nimmt die ihm erteilten Informationen auf und führt die von ihm verlangte Bewegung aus. Das Üben ist der wichtigste Bereich in dem dargestellten System. Jetzt werden erste

Bewegungserfahrungen auf der Grundlage senso-motorischer Rückinformationen gesammelt.

5. Der Schüler/Sportler entwickelt im Verlauf des Übens Bewegungsvorstellungen und Kenntnisse.
6. Der Lehrer/Trainer beobachtet die Ausführung der Schüler/Sportler und erteilt Korrekturen oder verändert gegebenenfalls sein methodisches Programm.
7. Informationen über die Kenntnisse und Bewegungsvorstellungen erhält der Lehrer/Trainer durch Rückfragen und Aufforderung der Schüler/Sportler, die Bewegung zu erklären und eigene Fehler zu analysieren.

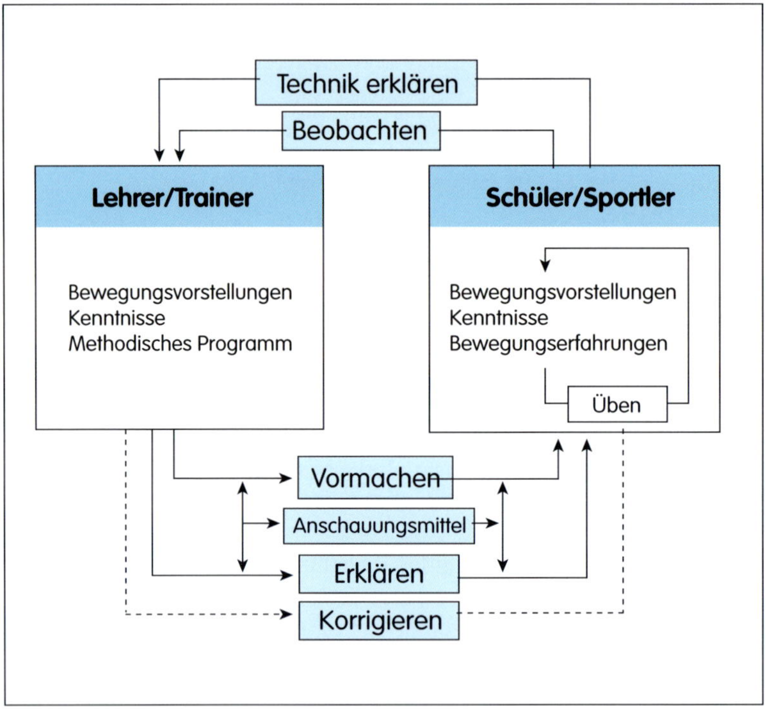

Abb. 1: Kommunikationsbeziehungen zwischen Lehrer/Trainer und Schüler/Sportler (Leirich, 1979)

Für das Vormachen der Bewegung (Demonstration) gelten die folgenden Regeln:

Jede Demonstration ist mit einer Erklärung und Lenkung der Beobachtung zu verbinden, damit eine sinnerfassende Wahrnehmung zu Stande kommt!

- Die Übung muss technisch richtig vorgemacht werden.
- Das erste *Vormachen* sollte sich an dem erwarteten Ausführungsgrad orientieren (Bewegungsweite, Haltung). Steigerungen sollten erst mit zunehmendem Können gezeigt werden.

Vormachen

- Die Übung ist mehrfach vorzumachen. Dabei ist die Beobachtung nachfolgend auf die wesentlichen Verlagerungen zu lenken. Man bezeichnet das als *„analysierende Demonstration"*.
- Sofern möglich, kann die Übung verlangsamt oder in Abschnitten vorgeturnt werden.
- Der Standort der Schüler ist so wählen, dass die wesentlichen Verlagerungen gesehen werden können, das heißt, die Bewegungsebene sollte in der Regel rechtwinklig zur Blickrichtung sein. Der Abstand darf nicht zu nah oder zu weit sein, so dass die Übung das Blickfeld gut ausfüllt.
- Der Einsatz visueller Unterrichtsmittel ist immer mit verbalen Informationen zu verbinden.

Für das *Erklären* der Bewegung gelten folgende Regeln:

> Erklärungen werden erteilt, um die Beobachtung zu lenken und die wesentlichen Merkmale in ihren Ursache – Wirkungs – Beziehungen hervorzuheben.

- Die wesentlichen Verlagerungen müssen in ihren kausalen Zusammenhängen erklärt werden (Struktur).
- Vergleiche mit bereits bekannten Übungen herstellen (Transfer nutzen).
- Erklärungen müssen terminologisch richtig, sprachlich kurz, logisch und verständlich sein.

Erklären

- Erklärungen müssen die Aufnahmekapazität der Schüler *(Alter, Erfahrungen, Können)* berücksichtigen. Das heißt, die Anzahl der Informationen (Bewegungsmerkmale) ist bei Anfängern zu begrenzen:
  - für Schüler der 1.–4. Klasse: Mitteilung von 2 Merkmalen
  - für Schüler der 5.–8. Klasse: Mitteilung von 3 Merkmalen
  - für Schüler der 9.–12. Klasse und für Erwachsene: Mitteilung von 5 Merkmalen

Mit der Zunahme an Bewegungserfahrungen und Können werden die Informationen differenzierter und umfangreicher.

1.2.3 Funktion und Bedeutung der Bewegungsvorstellungen

Bewegungsvorstellungen entsprechen der Bewegungsstruktur

Die vielfältige Wiederholung von Lernprozessen ist etwas Typisches für die Sportart Gerätturnen. Von besonderer Bedeutung ist die gewissenhafte Arbeit des Lehrenden an der Bildung von Bewegungsvorstellungen, die den räumlichen, zeitlichen und dynamischen Verlauf der Bewegung – also die Bewegungsstruktur – widerspiegeln oder anders ausgedrückt: Es handelt sich um die Repräsentation der Bewegung im zentralen Nervensystem bzw. um die *„kognitive Architektur von Bewegungshandlungen"* (Schack, 2005, S. 53).

Die **Bewegungsvorstellung** ist ein qualitativ selbstständiger psychischer Prozess, der unterschiedlich verallgemeinerte, ganzheitliche, anschauliche Abbilder der Bewegung einschließlich ihrer Eigenschaften und Beziehungen vermittels des zentralen Nervensystems widerspiegelt.

- Sie ist **Reproduktion sinnlicher Wahrnehmungsbilder,** die auf Grund vorangegangener **Erfahrung** beruht;
- Sie schließt **Denken und Sprache** ein und
- bietet somit auch die Möglichkeit, neue Bewegungshandlungen zu konstruieren.

Bewegungsvorstellungen sind die Einheit von

- sinnlich – expressiven Komponenten und
- verbal – logischen Komponenten.

Die Entwicklung der Bewegungsvorstellung vollzieht sich durch das Üben, die intellektuelle Auseinandersetzung mit der Bewegung sowie im Ergebnis des Vormachens, der Erklärungen und Korrekturen. Anfangs überwiegen die optischen Komponenten in der Gesamtheit des räumlichen Ablaufs. Nach den ersten Versuchen werden kinästhetische Komponenten zu einem schematischen Abbild verarbeitet. Der Schüler/Sportler lernt seine Bewegung zu beobachten und Details zu analysieren, so dass auch Denken und Sprache die Vorstellungsbildung beeinflussen. Man kann über die Bewegung sprechen, sie anderen mitteilen und auch Fehler verbalisieren.

Generalisierung

Mit zunehmendem Können erfolgt die *Generalisierung* der Bewegungsvorstellung. Auch die dynamischen Komponenten werden jetzt präziser erfasst. Es überwiegen nun die wesentlichen Komponenten und deren Relationen. Wir sprechen von der Differenzierungs-, Generalisierungs- und Strukturierungsphase der Bewegungsvorstellungen.

1.2.4 Bewegungslernen und Koordinationsmodell

Koordinations-modell

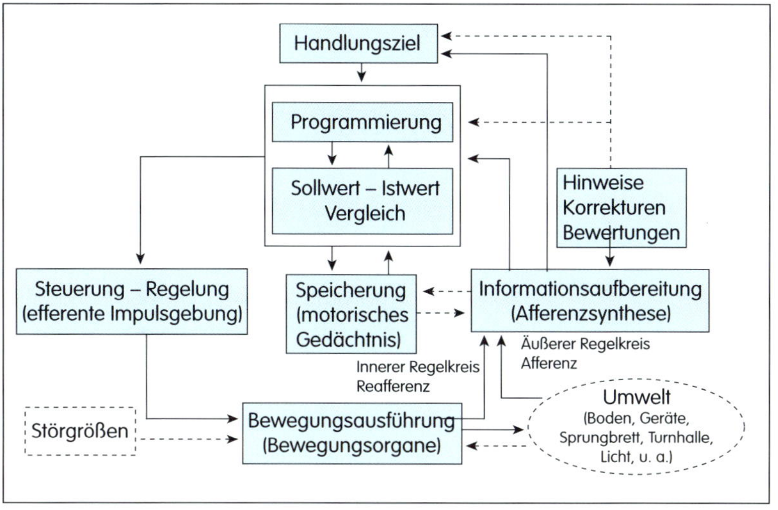

Abb. 2: Koordinationsmodell nach Meinel / Schnabel, 2004, S. 42

Die Bewegungskoordination wird realisiert über Teilfunktionen, die wechselseitig über Rückkopplungsmechanismen miteinander verbunden sind (vgl. Abb. 2). Im Einzelnen sind die Teilfunktionen wie folgt zu erläutern:

Teilfunktionen	Erläuterungen
1. Handlungsziel	Handlungsziele ergeben sich aus: • Handlungszusammenhang in konkreter Bewegungssituation. • Bewegungsaufforderung durch Lehrer / Übungsleiter / Mitschüler. • Selbstaufforderung
2. Informations-aufbereitung-1	Vor Ausführung einer Bewegung erfolgt eine Afferenzsynthese. Die Afferenzsynthese bildet die eigentliche „Orientierungshilfe" der Handlung. Ohne sie kommt kein Verhaltensakt zustande! In die Afferenzsynthese gehen ein: • Situationsafferenzen • Anlassafferenzen • Bewegungserfahrungen • Motivationen

3. Hinweise	Hinweise und Erklärungen bestimmen die Details des Handlungsziels bereits vor der ersten Ausführung.
4. Programmierung	Programmierung bedeutet die gedankliche Vorbereitung der Innervation der Muskulatur (dynamische Komponenten), die dann den räumlich-zeitlichen Verlauf der Bewegung zur Folge hat. Mit dem Neulernen einer Bewegung bilden sich schrittweise die Programme heraus. Beim Ausführen bekannter Bewegungen wird auf die im motorischen Speicher (motorisches Gedächtnis, Bewegungsvorstellungen, -erfahrungen) vorhandenen Programme zurückgegriffen. Die Schema-Theorie (nach Schmidt, 1975) geht von dem Vorhandensein „generalisierter motorischer Programme (GMP) für eine gegebene Klasse von Bewegungen" aus.
4. Steuerung – Regelung 5. Bewegungsausführung	Die Muskulatur wird innerviert (Steuerung), so dass nun die räumlich-zeitlichen Verlagerungen der Körperteile zueinander und die Verlagerung des Körpers im Raum zu Stande kommt. Noch während der Bewegung können rückgekoppelte Meldungen berücksichtigt werden (Regelung).
6. Umwelt	Die Bewegung wird realisiert im Zusammenwirken mit den Umweltgegebenheiten. Diese können aber auch die Bewegungsausführung beeinflussen (nach links gerichteter Pfeil).
7. Störgrößen	Unvorhersehbare Einflüsse von außen (Störeinflüsse aus der Umwelt) oder auch von innen (Indisponiertheit, Ermüdung) können die Bewegungsausführung beeinträchtigen.
8. Reafferenz	Informationen über die Bewegungsrealisation werden rückgemeldet (Reafferenz). Bestandteil dieser Rückmeldungen sind auch die auf die Bewegung wirkenden Umweltfaktoren.
9. Informationsaufbereitung-2 (Afferenzsynthese)	Bestandteil aller Rückinformationen sind die Resultate der Bewegung selbst, ihre Wirkung auf die Umwelt und auch die Störfaktoren. Entweder kann die Bewegung auf Grund des Soll-Ist-Vergleichs noch korrigierend geregelt werden (bewegungslenkende Reafferenz), oder es erfolgt im nächsten Versuch die Veränderung des Bewegungsprogramms (sanktionierende Reafferenz), Anochin, 1958.

10. Hinweise, Korrekturen, Bewertungen	Die Informationsaufbereitung wird durch den Trainer / Lehrer unterstützt. Es werden Hinweise gegeben sowie Korrekturen und Bewertungen vorgenommen. Sie können das Erreichen des Handlungszieles direkt betreffen oder aber Bestandteil der Afferenzsynthese sein. Sie gehören, wie auch die Umwelt, zum äußeren Regelkreis.
11. Speicherung	Alle rückgemeldeten Ergebnisse werden im motorischen Gedächtnis gespeichert. Sie präzisieren die Bewegungsvorstellungen, sind Bestandteil zunehmender Bewegungserfahrungen und ermöglichen im folgenden Versuch die Verbesserung der Bewegung. Diese Mechanismen gewährleisten das motorische Lernen.

Zur effektiven Gestaltung motorischer Lernprozesse ist es wichtig, dass Trainer, Lehrer und Übungsleiter die dargestellten Grundmechanismen kennen, die natürlich in Wirklichkeit viel komplizierter ablaufen. Im Verlaufe des Übens werden die genannten Teilfunktionen verbessert, wobei die Prozesse durch gezielte Hinweise verbessert werden können. Da jede Bewegung gespeichert wird, besteht die Gefahr, dass sich auch die fehlerhaften Bewegungen „einschleifen". Deshalb gilt der Grundsatz: *Wiederholen ohne Wiederholung*. Jeder einzelne Versuch muss also immer die Abweichungen zwischen dem Soll und Ist bewerten (auch mit Hilfe des Lehrers / Trainers). Daraus sind die Konsequenzen zu ziehen, so dass die Differenz zwischen dem Soll und dem Ist zunehmend geringer wird. Nur so wird die stabilisierte Bewegung in hoher technischer Güte erreicht, das heißt, die Stabilisierung der Feinkoordination.

Wiederholen ohne Wiederholung

Kapitel

2

Grundschema der methodischen Systematik

2 Grundschema der methodischen Systematik

Schema der methodischen Systematik

Das Grundschema des methodischen Vorgehens geht aus Tabelle 1 hervor:

Tab. 1: Methodische Systematik im Gerätturnen

Vorbereitung

Allgemeine vorbereitende Übungen

↙ ↓ ↘

Konditionelle und koordinative Fähigkeiten	Alternatives Turnen, insbesondere Hindernisturnen	Grundlegende Fertigkeiten (Hang, Stütz, Schwingen, beidbeiniger Absprung)

Spezielle vorbereitende Übungen

↙ ↘

Spezielle konditionelle und koordinative Fähigkeiten, insbes. Kraft und Beweglichkeit	Bereits gekonnte strukturähnliche Zielübungen

↓

Übungsentwicklung

1. Vorübungen

2. Zielübung

→ *Grobkoordination* ***Feinkoordination***

↓

Leistungssteigerung

↓	↓	↓
Übungserschwerung	Übungsveränderung	Übungsverbindung

2.1 Vorbereitung

Je nach Anforderungsniveau einer Lernaufgabe wird unterschieden in die allgemeinen vorbereitenden und die speziellen vorbereitenden Übungen.

Allgemeine vorbereitende Übungen

Hierunter sind solche Übungen zu verstehen, die die konditionellen und koordinativen Fähigkeiten im Hinblick auf das Anforderungsniveau des Gerätturnens insgesamt entwickeln.

Allgemeine Vorbereitung

Hierbei wird noch nicht an eine konkrete Übung gedacht, sondern ausgehend von den Anforderungen der Sportart sind insbesondere die Kraft *(Maximalkraft im Sinne relativer Kraft, Kraftausdauer, Schnellkraft)*, die koordinativen Fähigkeiten *(Differenzierungsfähigkeit, Kopplungsfähigkeit, Reaktionsfähigkeit, Orientierungsfähigkeit, Gleichgewichtsfähigkeit, Umstellungsfähigkeit und Rhythmisierungsfähigkeit)* sowie die Beweglichkeit zu entwickeln. Sehr gut eignet sich dafür das Alternative Turnen (vor allem das Hindernisturnen), insbesondere deshalb, weil bei vielen Übungen das Gewicht des eigenen Körpers zu bewältigen ist und weil durch die Vielzahl an Variationsmöglichkeiten die Veränderung der äußeren Bedingungen auch durch den Einsatz von Gerätekombinationen und die Anforderungen an Gleichgewichts- und Orientierungsfähigkeit vergleichsweise hoch sind. Hinzu kommt – und das ist im Hinblick auf die späteren Lernaufgaben – von besonderer Wichtigkeit, die Selbstüberwindung und Mutentwicklung. Gleichermaßen eignen sich die Übungen aus diesem Bereich dafür, die elementaren motorischen Fertigkeiten herauszubilden und dazu gehören besonders das Hängen (und die dazu erforderliche Grifffestigkeit), das Stützen (mit der Fähigkeit, den Körper auf den Armen und Händen halten zu können) und das Schwingen im Hang und Stütz (mit der Fähigkeit der Koordination äußerer und innerer Kräfte und der Aufrechterhaltung des dynamischen Gleichgewichts) sowie der beidbeinige Absprung nach einem Anlauf (mit der Fähigkeit der Kopplung von Anlauf, einbeinigem Aufsatzsprung und beidbeinigem Absprung).

Spezielle vorbereitende Übungen

Spezielle Vorbereitung

Die methodische Arbeit[1] für das Erlernen einer neuen Übung beginnt mit der Analyse der erforderlichen speziellen Leistungsvoraussetzungen. Diese beziehen sich oftmals nicht nur auf eine Übung, sondern zumeist auf die Übungen einer Strukturgruppe, so dass entsprechende Synergieeffekte zu erwarten sind. Gemeint sind hier diejenigen

---

1 Vgl. Gliederung der methodischen Reihen zu den einzelnen Übungen an den Geräten

Muskelgruppen, die maßgeblich an der Realisierung der Übungen beteiligt sind. Dazu gehören:

- Spezielle Kraftvoraussetzungen im Sinne von Relativkraft oder Schnellkraft bezogen auf bestimmte Körperregionen.
- Ein bestimmtes Maß an Beweglichkeit, meist bezogen auf die Schulter- und Hüftgelenke.

Früher erlernte Zielübungen gelten unter der Maßgabe als spezielle Voraussetzung, wenn Strukturähnlichkeit gegeben ist.

2.2 Übungsentwicklung

Übungsentwicklung

Nachdem die Voraussetzungen für das Erlernen einer neuer Übung als ausreichend erachtet worden sind, kann mit der eigentlichen *Übungsentwicklung* begonnen werden. Bei leichten Übungen kann sofort die Zielübung eingeführt werden. Bei zu erwartenden Schwierigkeiten – und das ist eher die Regel – werden zunächst Vorübungen, die in jedem Falle leichter als die Zielübung sein müssen, geübt. Damit wird den Prinzipien Rechnung getragen:

- vom Bekannten zum Unbekannten,
- vom Leichten zum Schweren,
- vom Einfachen zum Komplizierten.

Vorübungen

Vorübungen sind solche Übungen, bei denen der strukturell ähnliche Gesamtablauf der Zielübung unter erleichterten Bedingungen oder aber auch Teilabschnitte (Funktionsphasen) erarbeitet werden. Die Erleichterungen können sich sowohl auf die konditionellen als auch auf die koordinativen Anforderungen beziehen (vgl. Tabelle 2).

Zugleich wird die Bewegungsvorstellung schrittweise aufgebaut und gegebenenfalls werden auch die Ängste vor dem unbekannten Neuen abgebaut.

Vorübungen haben die folgenden Merkmale zu erfüllen:

- Vorübungen müssen der Hauptphase der Zielübung strukturell ähnlich sein.
- Der Einsatz erleichterter Bedingungen darf die eigentliche Hauptphase nicht überflüssig werden lassen oder sie nachteilig beeinflussen, so dass sich eine falsche Bewegungsvorstellung entwickelt.

- Vorübungen müssen leichter als die Zielübung sein, aber sie müssen eine angemessene Anforderung darstellen mit stets steigendem Schwierigkeitsgrad, das heißt, die erleichterten Bedingungen sind systematisch abzubauen. Methodische „Spielereien" sollten im Interesse schneller Lernerfolge vermieden werden.

Erleichterungen

Tab. 2: Formen der Erleichterung

Erleichterungen im räumlichen Verlauf:	
Erleichterung	**Maßnahme**
Verringerung des Hebeweges	• Erhöhen der Ausgangsstellung unter dem Gerät. • Tieferstellen des Gerätes.
Erhöhen der Ausgangslage	• Höhere Lage zu Beginn der Bewegung. • Neigung der Bewegungsebene.
Vereinfachen des räumlichen Verlaufs	• Abweichen von der geforderten Haltung (Techniknorm). • Verzicht auf eine normgerechte Endphase (z. B. Weichgrube). • Begrenzung des Bewegungsweges durch richtungsbestimmende Zusatzgeräte oder Bewegungsführung.
Vereinfachung der räumlichen Orientierung	• Markierung • Sichtpunkte
Erleichterungen im zeitlichen Verlauf:	
Erleichterung	**Maßnahme**
Verlangsamung der Bewegungs-geschwindigkeit	• Langsamer Anlauf • Bewegungsführung • Verlängern der Flugphase durch höhere Ausgangsstellung.
Zeitliche Markierung	• Zuruf • Rhythmisieren durch Zählzeiten oder begleitendes Sprechen.
Erleichterungen im dynamischen Verlauf:	
Erleichterung	**Maßnahme**
Verstärken des Krafteinsatzes	• Mehrfache Ausholbewegung • Zusätzliche Ausholbewegung • Zwischenschwung
Reduzieren des Kraftaufwandes	• Erhöhen der Ausgangsstellung • Schiefe Ebene
Ausnutzen zusätzlicher äußerer Kräfte	• Hilfe • Zusätzliche Federkraft • Zusätzlicher Abdruck v. Boden

Zielübung

Zielübungen sind eigenständig ausführbare Übungen (Fertigkeiten), die dem definierten Handlungsauftrag entsprechen und die keinerlei Erleichterungen (methodische Hilfen) aufweisen.

Sie sind das Ziel der methodischen Arbeit, wenngleich diese damit auf Grund der Besonderheit der Sportart (Variation und Kombination) noch nicht abgeschlossen ist.

Zielübung

Zunächst wird die *Zielübung* grob koordiniert (erste Lernphase) ausgeführt werden, d. h. sie wird zwar selbstständig (ohne Hilfe) aber noch mit Mängeln behaftet geturnt. Die grundsätzlichen (strukturellen) Merkmale sind erkennbar; die Bewegung wird im Sinne des notwendigen Minimums „geschafft“. Es treten aber noch deutliche Abweichungen (Haltung, Kraft- und Raumparameter) auf. In der Lernphase der Feinkoordination (zweite Lernphase) werden die Bewegungsparameter optimiert und die Haltungsvorschriften gemäß Technikmodell (Wertungsvorschriften) eingehalten. Im Prozess der Feinformung und Vervollkommnung lernen die Turnerinnen und Turner

- die räumliche Weite der Übungen auszuprägen und
- die Krafteinsätze im Sinne des Optimums zu präzisieren.

Stabilisierung und variable Verfügbarkeit sind Aufgaben der dritten Lernphase (Meinel & Schnabel, 2007).

Sowohl Ausprägung der Feinkoordination als auch Stabilisierung und variable Verfügbarkeit werden durch die methodischen Maßnahmen der „Leistungssteigerung“ erreicht (vgl. Tabelle 3).

Eine besondere Bedeutung im Prozess des motorischen Lernens haben lernbegleitende Korrekturmaßnahmen. Unterbleiben diese, kommt es zur vorzeitigen Stabilisierung der grobkoordinierten Bewegung und damit zur Stabilisierung von Fehlern.

2.3 Leistungssteigerung

Zielstellung der Methoden der Leistungssteigerung ist es, die Qualität der Übungen weiter auszuprägen, die konditionellen und koordinativen Anforderungen zu erhöhen und die Kombinationsfähigkeit zu gewährleisten.

Das Ziel der methodischen Arbeit ist erst erreicht, wenn die auf hohem Techniknivau erlernte Übung unter Berücksichtigung der Wettkampfkriterien in eine Kombination eingefügt worden ist.

Formen der Leistungssteigerung

Formen der Leistungssteigerung
Leistungssteigerung im Gerätturnen erfolgt durch (vgl. Tabelle 3):

- Übungserschwerung,
- Übungsveränderung,
- Übungsverbindung.

Übungserschwerung erfolgt durch die Steigerung der konditionellen und psychischen Anforderungen.

Übungsveränderung (Variation) ist die Variation einer Übung, ohne dass dadurch strukturelle Veränderungen eintreten. Dadurch wird das Üben abwechslungsreicher und interessanter gestaltet.

Übungsverbindung (Kombination) ist das Aneinanderfügen gleicher (Serie/Reihe) oder unterschiedlicher Turnübungen unter Berücksichtigung der Wertungsbestimmungen. Die Endphase der vorausgehenden Übung wird mit der Vorbereitungsphase der folgenden im Sinne einer Phasenverschmelzung verbunden. Erst wenn das erreicht ist, kann die methodische Arbeit als abgeschlossen betrachtet werden. Der Schwierigkeitsgrad der jeweiligen Verbindung ergibt sich aus der Art der zu verknüpfenden Phasen und aus dem Schwierigkeitsgrad der Übungen.

Tab. 3: Formen der Leistungssteigerung

Übungserschwerung
Zielstellung: Erhöhen des Krafteinsatzes, Verlängerung der Zeitdauer und/oder der psychischen Anforderungen (Mut, Willen).

↓

Erschwerung

Möglichkeiten	**Beispiel**
Erhöhen des Gerätes	Hüft-Aufschwung, Stützsprünge
Steigerung d. Bewegungstempos	Akrobatische Sprünge
Verlängern der Übungsdauer	Statische Übungen (Halten)
Übungsserie	Rollen, Handstütz-Überschläge
Steigerung der Höhe (Flugphase)	Sprunggerät, höhere Flugphase
Steigerung der Weite (Flugphase)	Brettabstand, längeres Gerät, Landezone

Übungsveränderung
Zielstellung: Erhöhen der koordinativen Anforderungen und des Schwierigkeitsgrades.

↓

Möglichkeiten	Beispiel
Veränderung des Griffes	Kippaufschwung
Griffwechsel	Stuba.: Knie-Aufschwung
Wechsel des Gerätes	Kippaufschwung (Re, Stuba, Ba)
Veränderung der Beinhaltung	Hocken, Bücken, Grätschen
Zusätzliche Beinbewegung	Ba: Rolle v. mit Schließen d. Beine
Veränderung der Ausgangs- und / oder Endstellung	Rolle vorwärts, Kopfstand
Veränderung des Stützes	Handstütz-Überschlag seitwärts mit einarmigem Stütz

Variation

Übungsverbindung
Zielstellung: Erhöhen des Schwierigkeitsgrades sowie der konditionellen, koordinativen und psychischen Anforderungen.

↓

Möglichkeiten	Beispiel
Verbindung gleicher Übungen (Übungsserie)	Rollen, Handstütz-Überschläge
Verbindung unterschiedlicher Übungen	Hüft-Umschwung, Felgabschwung
Kopplung von Strukturmerkmalen in der Hauptphase (Struktursynthese)	Oberarm-Stemmaufschwung mit Vorgrätschen (Barren)
Kombination	Wettkampfübung entsprechend Ausschreibung / Wettkampfbestimmungen

Kombination

Alle Formen der Leistungssteigerung sind dafür geeignet, den Unterricht und das Training im Gerätturnen interessanter zu gestalten, die physischen und koordinativen Anforderungen zu erhöhen und damit die Belastung zu steigern. Erst durch das Einfügen erlernter Übungen in Übungsverbindungen wird die 3. Phase des motorischen Lernens erreicht (Stabilisierung und insbes. die variable Verfügbarkeit). Auch das bedarf der systematischen Vervollkommnung und des Einsatzes spezifischer Methoden, um die Wettkampfreife der Übungskombinationen auf einem hohen technischen Niveau zu erreichen.

Kapitel

3

Barren

3 Barren

Die parallel eingestellten Holme des Barrens bestehen aus Eschenholz oder Spezialschichtholz. Der Barren lässt sich sowohl in Höhe (von 1,20 m bis 1,80 m) und Weite (von 0,46 m bis 0,62 m) verstellen, so dass er an die Körpermaße und auch an das Leistungsvermögen der Turner angepasst werden kann. Der Barren eignet sich aber auch für den Einsatz im Rahmen des Alternativen Turnens (Hindernisturnen, Bewegungslandschaften (vgl. Leirich, Bernstein & Gwizdek, 2007)). Durch das Turnen am Barren werden vor allem Kraftfähigkeiten (insb. Stützkraft) und koordinative Fähigkeiten entwickelt. Besondere Aufmerksamkeit ist auf die Entwicklung der Schwungfähigkeit im Stütz zu lenken, weil diese als Voraussetzung für die Realisierung aller Schwungelemente anzusehen ist.

Im Wettkampfturnen werden vor allem Schwungübungen im Hang und Stütz aus allen Strukturgruppen geturnt und darüber hinaus Übungen des Hebens und Senkens sowie statische Elemente (maximal drei Halteteile/2 s). Die Übungen werden vorrangig im Querverhalten ausgeführt, aber es gibt auch Elemente, die zwischenzeitlich im Seitverhalten an einem der Holme geturnt werden. Abgänge aus dem Seitverhalten sind jedoch nach dem Code de Pointage nicht erlaubt.

Besonderheiten ergeben sich aus dem speziellen Griffverhalten beim Turnen oberhalb (Speichgriff) und unterhalb der Holme (Speichgriff/Ellgriff). Die Federeigenschaften der Holme sind in Abhängigkeit von der Entfernung zu den Barrenständern unterschiedlich, so dass eine entsprechende Anpassungsfähigkeit Bestandteil der Technikschulung sein muss.

Im Rahmen der Kenntnisvermittlung sind die Verstellmechanismen der Barrenholme und sein Transport zu erläutern, um Gefahrenquellen auszuschalten.

3.1 Schwingen im Stütz

Schwingen

Das Schwingen im Stütz gehört zu den grundlegenden technischen Fertigkeiten, die im Rahmen der allgemeinen vorbereitenden Übungen (s. Kap.1.3.1) für das Gerätturnen zu entwickeln sind. Es ist keine eigenständige Turnübung, gilt aber als Voraussetzung für alle Schwungübungen am Barren, die aus dem Stütz begonnen werden oder im Stütz enden. Das *Schwingen* ist koordinativ sehr anspruchsvoll, weil zwei Pendelsysteme aufeinander abzustimmen sind:

– der Körper schwingt um die Drehachse Schultergürtel und
– der Schultergürtel schwingt um die Drehachse Griffstellen

Anfänger lernen das Schwingen am Stützbarren. Erst mit zunehmendem Können wird es dann auf den Hochbarren übertragen.

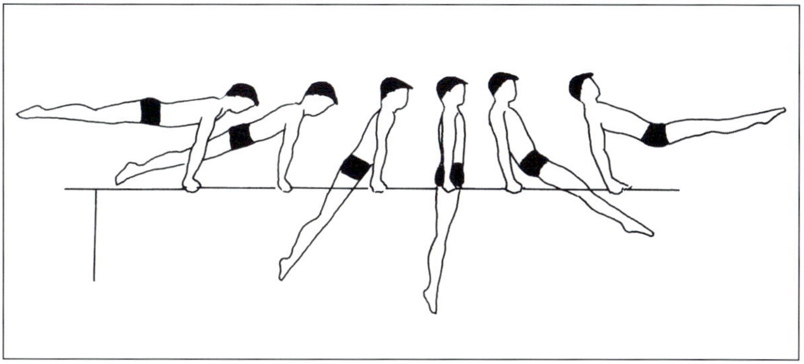

Abb. 3: Schwingen

Technik

→ *Technik*

– Aus dem Innenquerstand springt der Turner in den Stütz. Arme und Körper sind gestreckt. Der Schwung wird mit einer Beugung der Hüftgelenke und nachfolgender Streckung begonnen, so dass daraus ein Rückschwung zustande kommt.
– Die Beschleunigung der Beine nach rückwärts-aufwärts und deren nachfolgende Abbremsung führen zu einer Übertragung der kinetischen Energie, so dass der Körper nach hinten aufwärts schwingt. Die Schultern müssen während der Rückschwungphase aktiv nach vorn verlagert werden, damit der Körper im dynamischen Gleichgewicht bleibt (1).
– Mit Passieren der Senkrechten beim Vorschwung erfolgt die schnellkräftige Beugung der Hüftgelenke und somit die Beschleunigung der Beine nach vorn-oben. Durch das aktive Abbremsen dieser Beugebewegung kommt es erneut zu einer Übertragung kinetischer Energie. Diese wird auf den Körper übertragen, der nach vorwärts-aufwärts schwingt. Während des Vorschwunges erfolgt die Rückverlagerung der Schultern und die Vergrößerung des Arm-Rumpf-Winkels. Der Blick ist auf die Füße gerichtet. (4–5).
– Im Umkehrpunkt des Vorschwunges werden die Hüftgelenke gegen den aktiven Druck der Arme auf die Holme gestreckt. Dadurch ver-

größert sich das für das Schwingen positiv wirkende Schwerkraftmoment, und der Körper vergrößert auf diese Weise bei jedem Schwung seine Schwungamplitude (6).
- Von besonderer Bedeutung ist die Abstimmung von Schwunghöhe und Schulterverlagerung.

→ *Methodik*

Methodik

Spezielle vorbereitende Übungen
- Entwicklung der Stütz- und Schulterkraft durch Liegestützübungen am Boden (auch in Partnerbeziehung) sowie das Stützeln am Barren
- Kräftigung der Rumpfmuskulatur (Sprossenwand, Boden)

Vorübungen
1. Sprung in den Stütz, Vorschwung in den Grätschsitz
2. Sprung in den Stütz, Vorschwung und Rückschwung mit Seitspreizen eines Beines in den flüchtigen Reitsitz und Vorspreizen des anderen Beines in den Außenquersitz
3. Schwingen im Stütz mit Hilfe

Zielübung
Schwingen im Stütz (der Körper erreicht etwa die Horizontale in Höhe der Schultern)

Leistungssteigerung
- Mehrfaches Schwingen im Stütz
- Grätschen und Schließen der Beine beim Vor- und beim Rückschwung
- Steigerung der Schwunghöhe beim Rückschwung bis in eine handstandnahe Position

→ *Helfen und Sichern*

Helfen

Ein Helfer steht im Außenseitstand neben dem Übenden und erteilt Stützgriff zur Unterstützung der Schulterverlagerung und Streckung der Ellenbogengelenke.	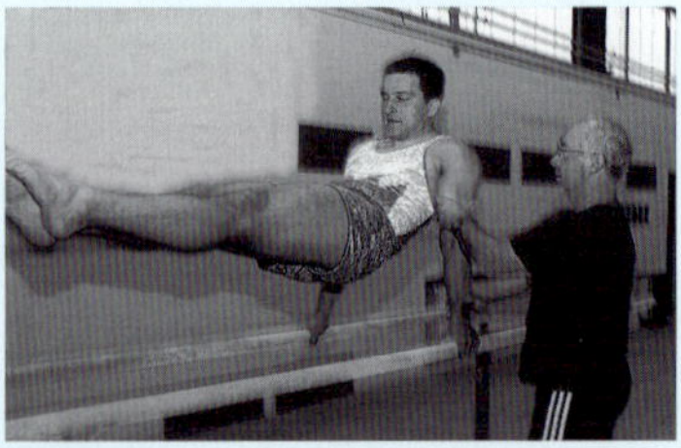

Fehlerkorrektur

➜ *Fehlerkorrektur*

Fehler	Maßnahmen
Zu starkes Beugen der Hüftgelenke beim Vorschwung.	Hinweis, dass nicht nur die Beine schwingen sollen, sondern der ganze Körper; Blick auf den Körper; Anheben des Beckens im Liegestütz rücklings am Boden.
Arme gebeugt; Einsinken des Schultergürtels.	Verbesserung der Kraft- und Stützfähigkeiten.
Beinrückschwung setzt zu zeitig ein; dynamisches Gleichgewicht geht verloren; Arme werden gebeugt.	Hinweis auf späteren Beineinsatz; Verringerung der Schwungamplitude; Stabilisierung des Stützverhaltens durch Hilfe.

Kehre

3.2 Kehre

Technik

➜ *Technik*

Es wird die Ausführung nach rechts beschrieben.

- Nach einem einleitenden Vorschwung erfolgt ein Rückschwung bis die Beine etwa Schulterhöhe erreichen (1).
- Mit Passieren des Vertikalbereichs im Vorschwung werden die Beine beschleunigt (deutlicher BRW) und nachfolgend abgebremst. In diesem Moment wird mit dem linken Arm abgedrückt und der Körper nach rechts auf den Stützarm verlagert (3, 4).
- Die Beine werden abwärts gedrückt (Streckung des BRW). Mit Passieren des rechten Holmes erfolgt der Abdruck rechts (4) und das Erfassen des rechten Holmes mit der linken Hand.
- Der rechte Arm schwingt seitwärts-aufwärts. Mit der Landung wird der Außenquerstand links seitlings erreicht (5).

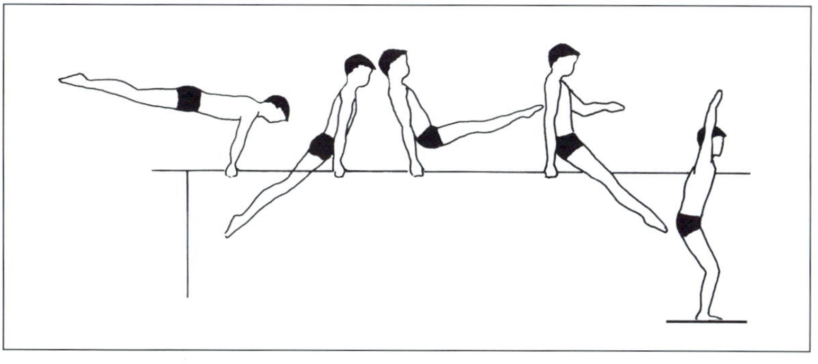

Abb. 4: Kehre rechts

→ *Methodik*

Methodik

Spezielle vorbereitende Übungen
- Schwingen im Stütz
- Vorschwung in den Grätschsitz
- Vorschwung in den Außenquersitz (rechts und links üben)

Vorübungen
1. Aus dem Außenquerstand vorlings am Stützbarren: Absprung mit wechselseitigem Vorspreizen der Beine über den Holm hinweg in den Stand
2. Aus dem Außenquerstand vorlings auf dem Minitrampolin oder Sprungbrett: Absprung, Vorschwung mit Kehre (Hilfe)
3. Aus dem zwei- oder mehrmaligen Schwingen im Stütz: Kehre mit Hilfe

Zielübung
Rückschwung, Vorschwung: Kehre

Leistungssteigerung
- Kehre nach der widergleichen Seite
- Kehre rechts mit ¼ Drehung links in den Außenseitstand vorlings (Erfassen der Holme mit beiden Händen)
- Kehre rechts mit ½ Drehung links in den Außenquerstand rechts seitlings (auch widergleich)
- Kehre rechts mit ¼ Drehung rechts in den Außenseitstand rücklings
- Kehre rechts mit ½ Drehung rechts in den Außenquerstand rechts seitlings

→ *Helfen und Sichern*

Helfen

Kehre links: Der Helfer erteilt mit der linken Hand mit halbem Klammergriff Zughilfe am linken Arm des Übenden. Die rechte Hand leistet Schubhilfe am Rücken zur Unterstützung des Vorschwunges und der Seitverlagerung.

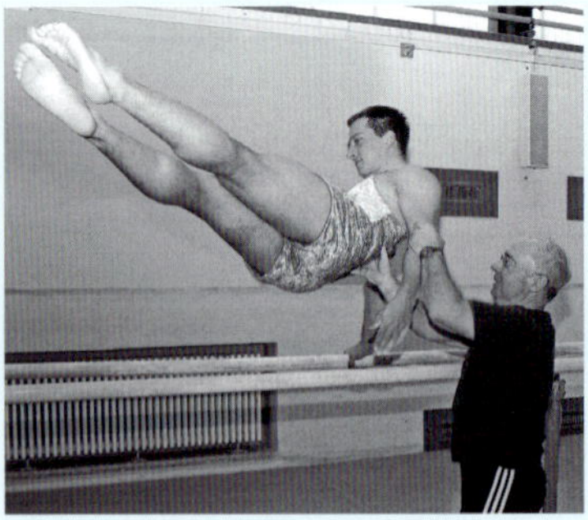

Fehlerkorrektur

→ *Fehlerkorrektur*

Fehler	Maßnahmen
Vorschwung für das Passieren des Holms zu flach.	Schwingen im Stütz, Schubhilfe.
Zu geringe Seitverlagerung.	Abdruck links verstärken; Zughilfe.
Rücklage bei der Landung.	Aktiveres Nachuntendrücken der Beine nach Passieren des Holms; Armabdruck verstärken.

Wende

3.3 Wende

Es wird die Ausführung nach links beschrieben

Technik

→ ***Technik***

- Aus einem Vorschwung (1) erfolgt mit Passieren des Vertikalbereiches (2) ein aktiver Rückschwung der Beine bis zur leichten Überstreckung.
- Die Schultern werden bei gleichzeitiger Vergrößerung des Arm-Rumpfwinkels leicht nach vorn verlagert (3).
- Kurz vor Erreichen des Umkehrpunktes wird bei Ausführung der Wende links mit dem rechten Arm vom rechten Holm abgedrückt und das Gewicht auf den linken Stützarm verlagert (4).
- Anschließend drückt der linke Arm vom linken Holm ab, der Körper passiert im Verhalten vorlings gestreckt den linken Holm, und der rechte Arm erfasst schnell zur Übernahme des Stützes den linken Holm (5).
- Der Körper schwingt gestreckt abwärts, und es erfolgt die Landung im Außenquerstand rechts seitlings (6).

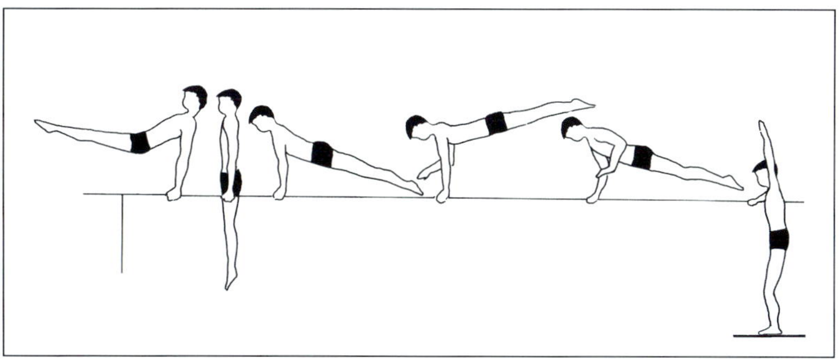

Abb. 5: Wende links

→ *Methodik*

Methodik

Spezielle vorbereitende Übungen
- Schwingen im Stütz
- Grätschen und Schließen der Beine bei Rückschwung (zur Kontrolle der Schwunghöhe)

Vorübungen
1. Aus zwei bis drei Schwüngen im Stütz, Wende mit Hilfe
2. Aus einem Schwung, der bis in Schulterhöhe führen soll, Wende mit Hilfe

Zielübung
Vorschwung, Rückschwung: Wende

Leistungssteigerung
- Wende nach der widergleichen Seite
- Aus dem hohen Rückschwung (Beine über Schulterhöhe): Wende
- Aus dem Rückschwung in den flüchtigen Handstand: Wende
- Wende links mit ½ Drehung rechts in den Außenquerstand links seitlings
- Wende links mit ¼ Drehung links in den Außenseitstand rücklings
- Wende links mit ½ Drehung links in den Außenquerstand links seitlings
- Wende in einer Übungsverbindung (z. B. Oberarm-Kippe oder Oberarm-Stemmaufschwung vorwärts), Wende

→ *Helfen und Sichern*

Helfen

Der Helfer erteilt mit einer Hand Schubhilfe an der Vorderseite des Körpers, um den Rückschwung zu unterstützen. Mit der anderen wird durch Zughilfe am Oberarm (halber Klammergriff) die Verlagerung über den Holm hinweg unterstützt.	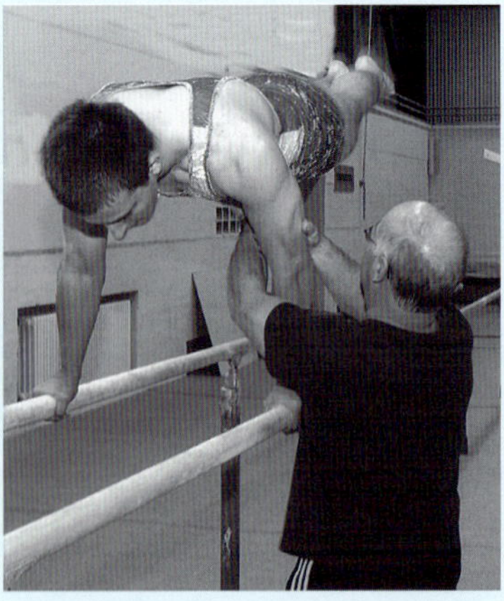

Fehlerkorrektur

→ *Fehlerkorrektur*

Fehler	Maßnahmen
Rückschwung zu flach.	Wiederholen und Korrektur des Schwingens (Kontrolle durch Grätschen und Schließen der Beine), Schubhilfe.
Seitverlagerung zu gering.	Handabdruck verstärken und auf schnelle Gewichtsverlagerung achten, Zughilfe; Zuruf, um Zeitpunkt des Abdrucks zu erfassen.
Körper beim Abschwingen in den Stand gebeugt.	Hinweis: Körperspannung halten.

Oberarm-Rolle vorwärts

3.4 Oberarm-Rolle vorwärts

Technik

→ *Technik*

- Aus dem Grätschsitz erfassen die Hände die Holme dicht vor den Oberschenkeln.
- Nach leichtem Rückneigen des Körpers erfolgt die schwunghafte Vorverlagerung. Der Kopf wird zur Brust geneigt; der Rumpf und die Hüftgelenke werden gebeugt.
- Die Ellenbogen werden nach außen abwärts gedrückt, und die Oberarme setzen dicht vor den Händen auf den Holmen auf. Die Oberschenkel lösen sich von den Holmen (2).
- Mit gebeugter Körperhaltung, gegrätschten Beinen und nach vorn geneigtem Kopf erfolgt das Rollen vorwärts (3).
- Sobald das Becken die Vertikalebene über den Schultern passiert hat, erfolgt das schnelle Umfassen der Hände dicht neben die Oberschenkel, die im Grätschsitz die Holme berühren (4/5).
- Durch Druck der Hände auf die Holmen wird der Grätschsitz erreicht, und es erfolgt das Aufrichten des Körpers (6).

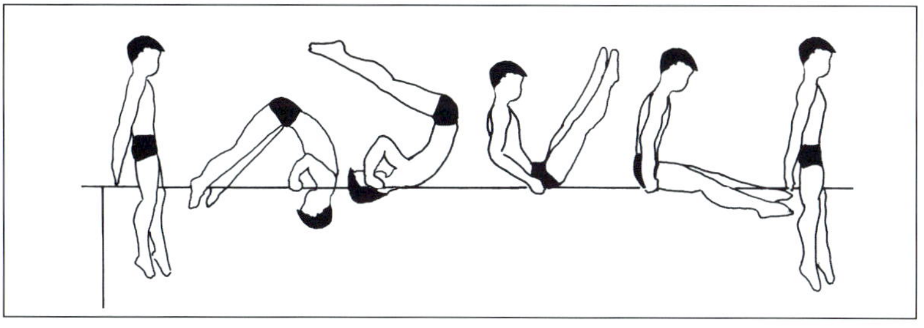

Abb. 6: Oberarm-Rolle vorwärts

Methodik

→ *Methodik*

Spezielle vorbereitende Übungen

- Boden: Rolle vorwärts
- Aus dem Hockstand auf einem hüfthohen Kasten: Rolle vorwärts

Vorübungen

1. Aus dem Hockstand auf einem im Barren (brusthoch) stehenden Kasten (etwa 0,30–0,40 m Höhendifferenz zwischen Kasten und Barrenholmen): Oberarm-Rolle vorwärts in den Grätschsitz
2. Aus dem Grätschsitz auf einem schräg eingestellten Barren (0,10–0,20 m): Oberarm-Rolle vorwärts mit Hilfe
3. Oberarm-Rolle vorwärts mit Hilfe

Zielübung

Aus dem Grätschsitz: Oberarm-Rolle vorwärts in den Grätschsitz

Leistungssteigerung

- Oberarm-Rolle vorwärts mit Schließen der Beine und wieder Grätschen
- Aus dem Grätschsitz: Oberarm-Rolle vorwärts in den Außenquersitz
- Aus dem Oberarmstand: Abrollen in den Grätsch- oder Außenquersitz
- Aus dem Rückschwung: Oberarm-Rolle vorwärts

Helfen

→ *Helfen und Sichern*

Der Helfer unterstützt mit einer Hand die Schulter, um ein Durchfallen zu vermeiden. Die andere Hand erteilt Dreh-Schubhilfe am Unterschenkel zur Unterstützung des Rollens.

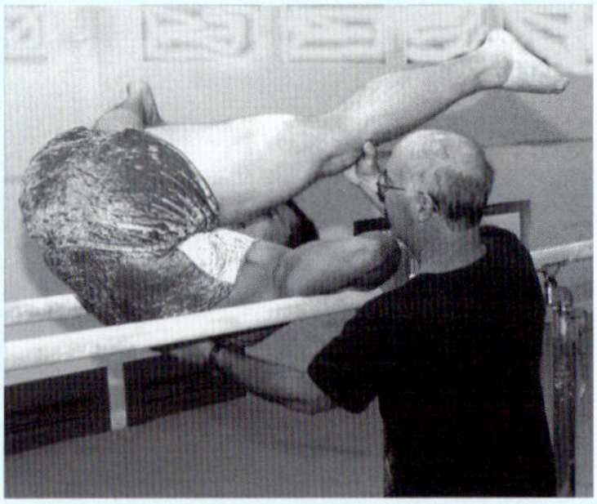

Fehlerkorrektur

→ *Fehlerkorrektur*

Fehler	Maßnahmen
Die Hände erfassen die Holme zu weit vor den Oberschenkeln, das Senken erfolgt mit gestrecktem Rücken.	Hinweis auf engeres Fassen und Beugen von Rumpf und Hüftgelenken. Kopf „auf die Brust“.

Fehler	Maßnahmen
Die Ellenbogen bleiben am Körper, so dass der Übende in die Holmengasse rutscht	Hinweis: leichter Druck auf die Ellenbogen von zwei Helfern
Mit dem Aufsetzen der Schultern und dem Anheben des Gesäßes erfolgt ein Aufstrecken nach oben. Der Übende fällt gestreckt auf die Holme.	Ein Helfer drückt den Kopf auf die Brust und verhindert durch Schubhilfe mit der anderen Hand das Öffnen des BRW.

Oberarmstand

3.5 Oberarmstand

Technik

➜ *Technik*

- Aus dem Grätschsitz erfassen die Hände die Holme (Abstand etwa 20 cm) vor den Oberschenkeln (1).
- Mit der Vorverlagerung des gebeugten Rumpfes setzen die nach außen abgespreizten Oberarme auf die Holme etwa 20 cm vor den Händen auf den Holmen auf (2).
- Der gebeugte Körper wird nach oben gehoben.
- Die Hüftgelenke werden gestreckt und die Beine geschlossen (3).

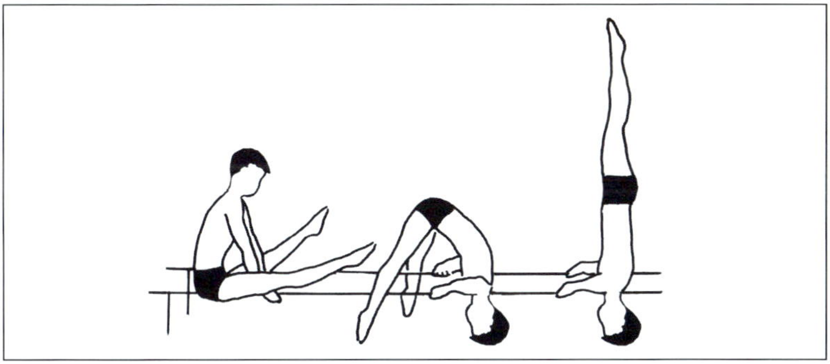

Abb. 7: Heben in den Oberarmstand

Methodik

➜ *Methodik*

Spezielle vorbereitende Übungen

- Boden: Aus dem Grätschstand: Heben in den Kopfstand.
- Boden: Schwingen in den Handstand.

Vorübungen

1. Aus dem Hockstand auf einem Kasten in der Holmengasse (etwa 40 cm Höhendifferenz): Heben in den Oberarmstand (mit Hilfe).
2. Aus dem Grätschsitz: Heben in den Oberarmstand mit Hilfe.

Zielübung
Aus dem Grätschsitz: Heben in den Oberarmstand (2 s).

Leistungssteigerung
- Aus dem Winkelstütz: Heben in den Oberarmstand.
- Schwingen in den Oberarmstand.
- Oberarm-Kippe, Rückschwung in den Oberarmstand.
- Oberarm-Stemmaufschwung vorwärts, Rückschwung in den Oberarmstand.
- Aus dem Handstand, Senken in den Oberarmstand.
- Aus dem Oberarmstand, Heben in den Handstand.
- Oberarm-Stemmaufschwung rückwärts in den Oberarmstand.

→ *Helfen und Sichern*

Helfen

Der Helfer erfasst mit einer Hand unter dem Holm hindurch die Schulter und verhindert das Absinken in die Holmengasse. Mit der anderen Hand wird durch Schubhilfe am Oberschenkel das Heben des Körpers unterstützt.	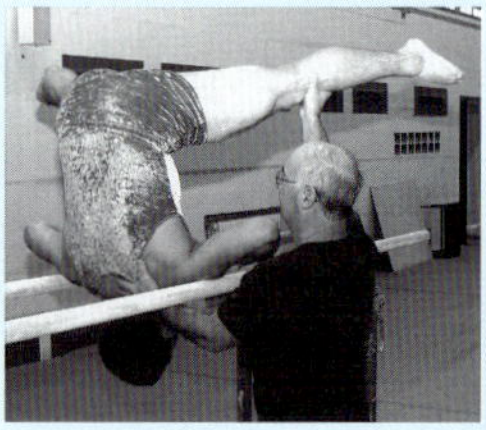 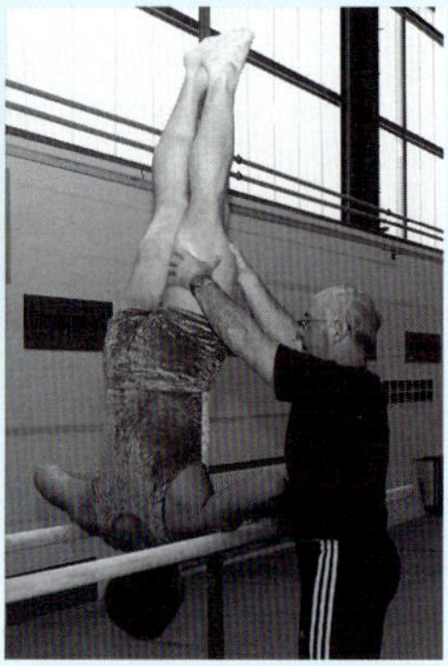

→ *Fehlerkorrektur*

Fehlerkorrektur

Fehler	Maßnahmen
Die Hände erfassen die Holme zu dicht am Oberschenkel, der Kopf wird zur Brust geneigt, der Rumpf wird gebeugt.	Hinweis auf ca. 20 cm Differenz zwischen Oberschenkel und Hände; Kopf in den Nacken während des Hebens (Blickrichtung Matte unter den Barrenholmen).
Ellenbogen nicht nach außen gespreizt.	Druck auf die Ellenbogen durch zwei Helfer während des Hebens.
Keine Körperspannung im Oberarmstand.	Wiederholung: Kopfstand; Hinweis auf gestreckte Hüftgelenke.

Schwingen in den Handstand

3.6 *Schwingen in den Handstand*

Technik

➜ *Technik*

- Aus dem Vorschwung (1) wird mit dem Passieren des unteren Vertikalbereiches (2) ein intensiver Rückschwung der Beine mit nachfolgendem Abbremsen ausgeführt. Der Schultergürtel wird nach vorn verlagert (3, 4).
- Durch die Impulsübertragung von den Beinen auf den Rumpf und die Öffnung des ARW schwingt der gestreckte Körper mit gestreckten Ellenbogengelenken rückwärts-aufwärts in den Handstand (5).

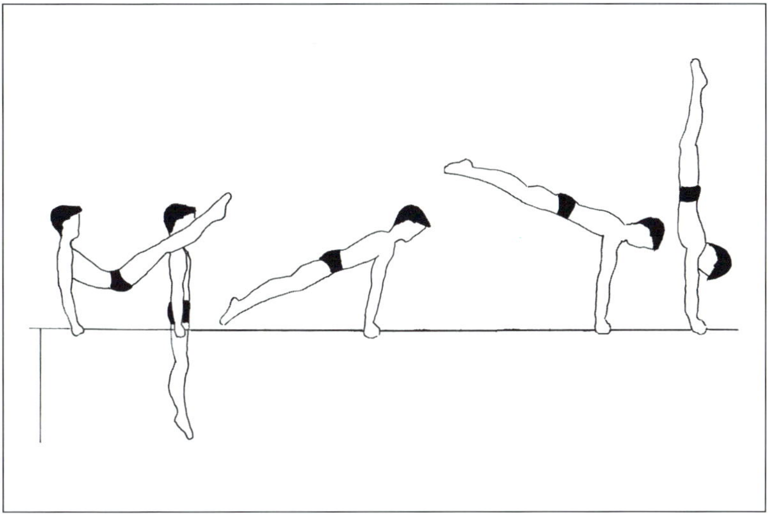

Abb. 8: Schwingen in den Handstand

Methodik

➜ *Methodik*

Spezielle vorbereitende Übungen

- Boden: Schwingen in den Handstand.
- Schwingen im Stütz.
- Schwingen in den Oberarmstand.

Vorübungen

1. Nach mehrmaligem Schwingen: Steigerung der Schwunghöhe bis in den flüchtigen Handstand mit Hilfe.
2. Schwingen in den Handstand mit Hilfe.

Zielübung

Aus dem Vorschwung: Rückschwung in den Handstand.

Leistungssteigerung
- Aus einer Übungsverbindung (Oberarm-Kippe / Oberarm-Stemmaufschwung vorwärts) Rückschwung in den Handstand.
- Schwingen in den Handstand, Wende.
- Schwingen in den Handstand mit ¼ oder ½ Drehung.

➜ *Helfen und Sichern* **Helfen**

Der Helfer erteilt Schubhilfe am Hüftgelenk / Oberschenkel mit nachfolgender Gleichgewichtshilfe („Eingabeln").

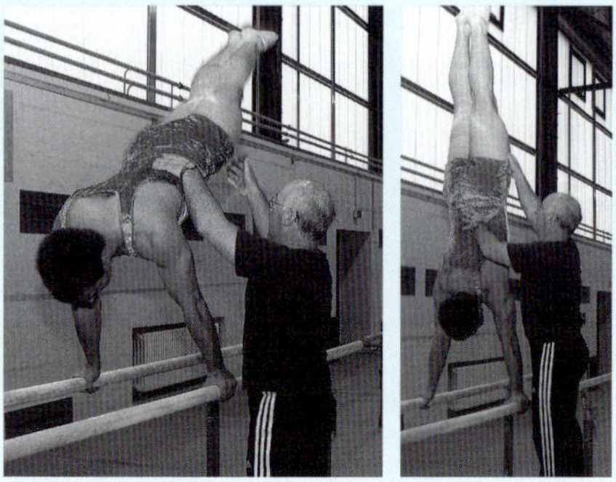

➜ *Fehlerkorrektur* **Fehlerkorrektur**

Fehler	Maßnahmen
Rückschwung zu gering; der Handstand wird nicht erreicht.	Hinweis auf Intensivierung des Vorschwunges; Schultervorlage kontrollieren; Schubhilfe.
Arme und / oder Hüftgelenke werden beim Rückschwung gebeugt	Grundschwung verbessern.
Kopf zu sehr zurückgeneigt; zu starkes Hohlkreuz.	Hinweis auf normale Kopfhaltung; früheres Abbremsen des Beinrückschwunges.

3.7 Heben in den Handstand

Heben in den Handstand

➜ *Technik*

Technik

Es gibt vier Möglichkeiten des Hebens in den Handstand:

a) Heben in den Handstand mit gebeugten Armen und gebeugten Hüftgelenken.
b) Heben in den Handstand mit gestreckten Armen und gebeugten Hüftgelenken (Konventionalbezeichnung: Schweizer).

c) Heben in den Handstand mit gebeugten Armen und gestreckten Hüftgelenken.
d) Heben in den Handstand mit gestreckten Armen und gestreckten Hüftgelenken.

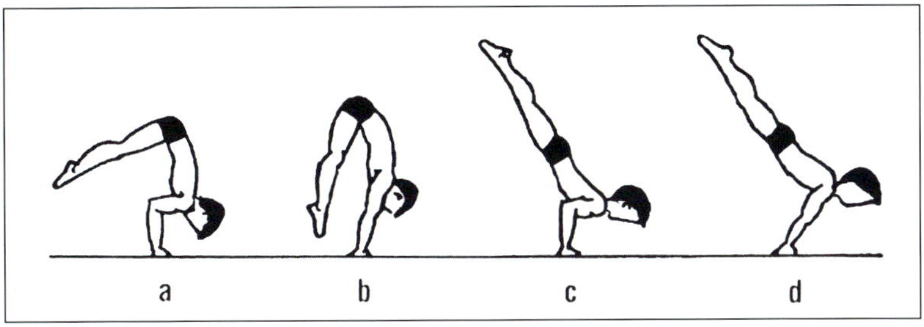

Abb. 9a: Formen des Hebens in den Handstand

Technik

➜ *Technik*

Heben in den Handstand mit gebeugten Hüftgelenken

- Aus dem Winkelstütz erfolgt die langsame Aufwärtsverlagerung der stark gebeugten Hüftgelenke, wobei die Ellenbogengelenke in der Anfangsphase stark gebeugt werden bei gleichzeitiger Vorverlagerung der Schultern. Die Streckung der Ellenbogengelenke erfolgt erst, wenn der Vertikalbereich erreicht worden ist, oder
- die Ellenbogengelenke bleiben so lange gestreckt bis der Hüftbereich über die Stützstelle verlagert worden ist. Dann erfolgt die Streckung des BRW zum Erreichen der Handstand-Position.

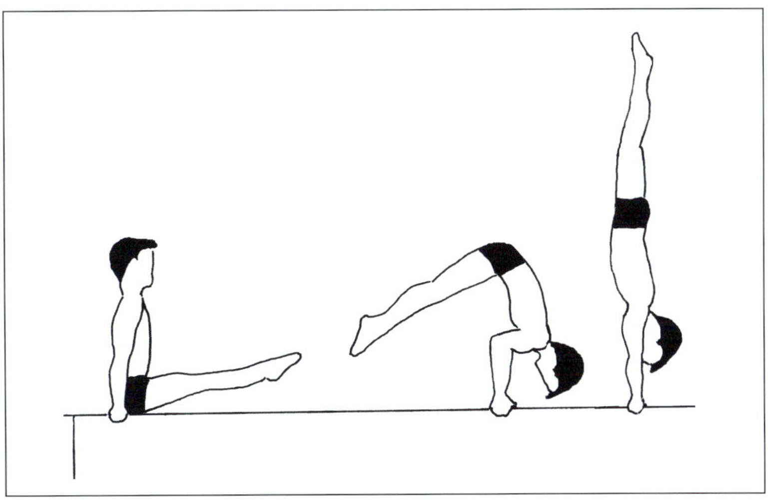

Abb. 9b: Heben in den Handstand mit gebeugten Arm- und Hüftgelenken

→ *Methodik*

Methodik

Spezielle vorbereitende Übungen
- Entwicklung der Arm-, Schulter- und Rumpfmuskulatur.
- Heben aus dem Kopfstand in den Handstand.

Vorübungen
1. Boden: Aus dem Hockstand, Heben in den Handstand mit gebeugten Hüften und gebeugten Ellenbogengelenken.
2. Boden: Aus dem Grätschwinkelstand: Heben in den Handstand mit gebeugten Hüftgelenken und gestreckten Ellenbogengelenken.
3. Aus dem Winkelstütz: Heben in den Handstand (Varianten a–d) mit Hilfe.

Zielübung
Aus dem Winkelstütz: Heben in den Handstand (Varianten a bis d).

Leistungssteigerung
Anfügen von Drehungen um die Körperlängenachse im Handstand.

→ *Helfen und Sichern*

Helfen

Der Helfer erteilt mit einer Hand Schubhilfe im Bereich der Hüftgelenke bzw. Oberschenkel.
Die andere Hand unterstützt den Schultergürtel, um eine zu weitgehende Vorverlagerung und Absenkung zu vermeiden.

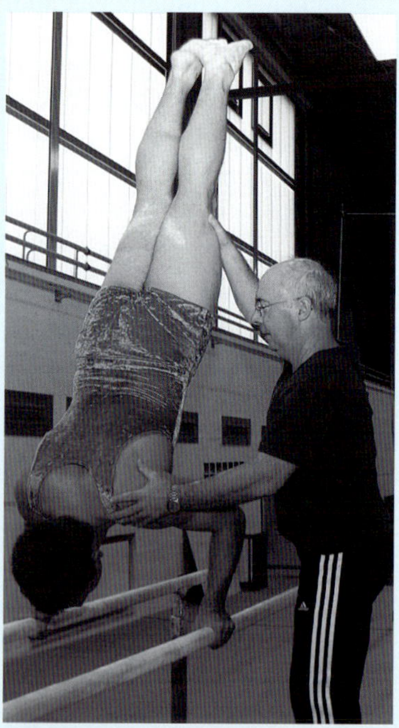

Fehlerkorrektur

→ *Fehlerkorrektur*

Fehler	Maßnahmen
Bei der gebeugten Ausführung (Ellenbogen und Hüftgelenke) werden die Hüftgelenke zu wenig gebeugt oder sie werden zu früh gestreckt. Der Handstand wird nicht erreicht.	Hinweis auf stärkere Vorverlagerung der Schultern, Hilfe Entwicklung der Streckmuskulatur des Schultergürtels und der Arme.
Bei der gestreckten Ausführung der Ellenbogengelenke werden die Schultern zu wenig nach vorn verlagert.	Hilfe, Entwicklung der Rückenmuskulatur.
Bei der gestreckten Ausführung (Hüft- und Ellenbogengelenke) wird der Handstand nicht erreicht.	Kraftniveau entwickeln.

Dreh-Flanke

3.8 Dreh-Flanke

Es wird die Ausführung nach rechts beschrieben.

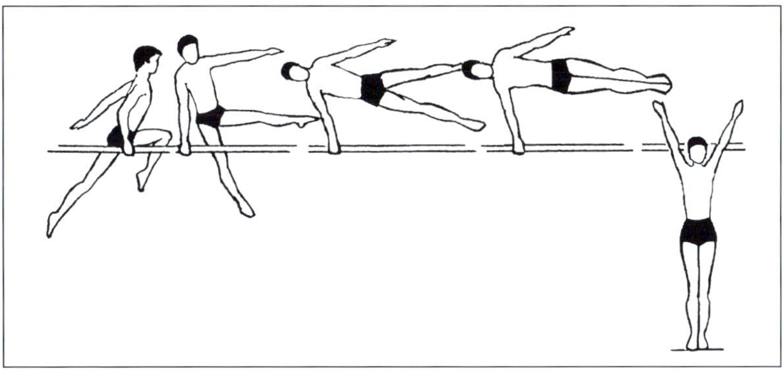

Abb. 10: Dreh-Flanke rechts

Technik

→ *Technik*

- Aus dem Außenquersitz rechts : Die rechte Hand erfasst den Holm dicht am rechten Oberschenkel; der Oberkörper wird nach vorn geneigt, der linke (Schwung-)Arm ist in Rückhalte (1).
- Durch schnelles Strecken des rechten Hüftgelenkes und Einsatz des Schwungarmes (Vor-Hoch-Schwingen) (2) erfolgt der Abdruck des rechten Oberschenkels vom Holm und die Verlagerung des Gewichts auf den rechten Arm verbunden mit ¼ Drehung des Körpers nach rechts (3).

- Die Beine werden geschlossen, die Hüftgelenke nach vorn verlagert. Es erfolgt der Abdruck vom rechten Arm zur Aufrichtung des Körpers (4).
- Die Übung endet im Außenseitstand rücklings (5).

Methodik

→ *Methodik*

Spezielle vorbereitende Übungen

- Aus dem Außenquersitz / Vorschwung: Kehre.
- Kasten: Aus dem schrägen Anlauf: Sprungflanke.

Vorübungen

1. Aus dem Außenquersitz auf einem erhöhten Holm (10–15 cm): Dreh-Flanke mit Hilfe.
2. Dreh-Flanke mit Hilfe.

Zielübung

Aus dem Außenquersitz: Dreh-Flanke in den Außenseitstand rücklings.

Leistungssteigerung

- Ausführung am höher eingestellten Gerät.
- Ausführung in Verbindungen.

Helfen

→ *Helfen und Sichern*

Der Helfer erteilt mit der einen Hand Zughilfe mit halbem Klammergriff am Oberarm (Stützarm) und mit der anderen Hand Schubhilfe am Gesäß / Hüfte.	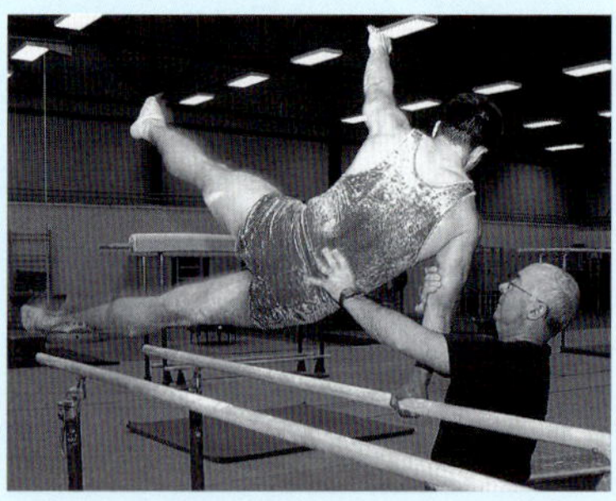

Fehlerkorrektur

→ *Fehlerkorrektur*

Fehler	Maßnahmen
Kein Abdruck vom Oberschenkel des Sitzbeines (Gesäß sinkt in die Holmengasse).	Aufrichten über den Oberschenkel mit Zughilfe an der Hand durch einen Partner (auf Streckung der Hüftgelenke achten); schnelle Ausführung der Hüftstreckung.

Fehler	Maßnahmen
Hüftgelenke bleiben gebeugt.	Hinweis: Beine abbremsen und Hüfte vorverlagern bei Passieren des Holms.

Dreh-Hocke

3.9 Dreh-Hocke

Es wird die Ausführung nach rechts beschrieben.

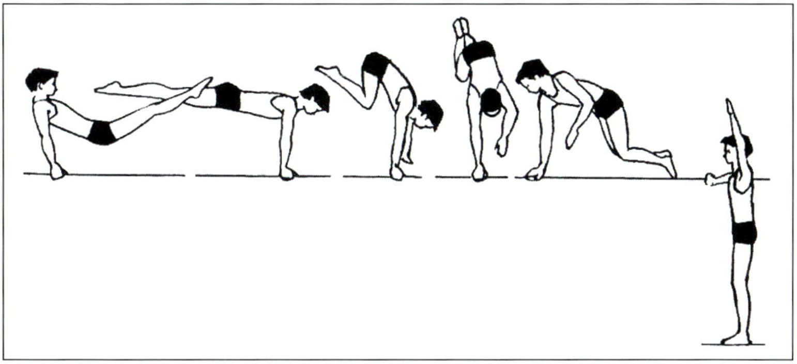

Abb. 11: Dreh-Hocke rechts

Technik

→ *Technik*

- Nach dem Vorschwung wird am Ende des Rückschwunges durch den nach oben und hinten gerichteten Abdruck der linken Hand das Gewicht auf den rechten Arm verlagert und gleichzeitig mit dem Hocken die Drehung eingeleitet. Das Gesäß wird nach oben über den (rechten) Stützarm verlagert (1–3).
- Der Turner blickt verbunden mit einer leichten Drehung und Seitneigung des Kopfes in Drehrichtung.
- Nach dem Abdruck des linken Armes vom Holm schwingt dieser schnell in die Drehrichtung nach rechts (4).
- Nach dem Passieren des rechten Holmes erfolgt das Umfassen der rechten Hand, sowie die Aufrichtung und Streckung der Beine und des Körpers (5).
- Die Dreh-Hocke rechts endet im Außenquerstand rechts seitlings.

Methodik

→ *Methodik*

Spezielle vorbereitende Übungen

Kasten seit (hüfthoch): Aus dem Seitstand vorlings:
Dreh-Sprunghocke.

Vorübungen

1. Aus dem Rückschwung am Stützbarren-Ende (Blickrichtung nach außen): Dreh-Hocke auf eine neben dem rechten Holm markierte Landestelle mit Hilfe.
2. „Verlängerung“ des rechten Holmes durch ein am Ständer befestigtes Sprungseil, das locker von einem Helfer gehalten wird: Dreh-Hocke mit Hilfe (Befestigungshöhe steigern).
3. Aus dem Schwingen in der Mitte des Barrens: Dreh-Hocke mit Hilfe.

Zielübung

Aus dem Rückschwung: Dreh-Hocke in den Außenquerstand rechts seitlings.

Leistungssteigerung

- Erhöhung des Barrens bis zur Wettkampfhöhe.
- Dreh-Hocke rechts mit ½ Drehung rechts in den Außenquerstand links seitlings.
- Ausführung nach Oberarm-Kippe, Oberarm-Stemmaufschwung vorwärts oder Kippaufschwung vorwärts.

Anmerkung: *Die Dreh-Bücke ist eine selbstständige Übung und kann deshalb nicht als Leistungssteigerung der Dreh-Hocke aufgefasst werden. Sie wird aber in gleicher Weise entwickelt.*

→ *Helfen und Sichern*

Helfen

Der Helfer erfasst mit der rechten Hand den rechten Oberarm im halben Klammergriff und erteilt Zughilfe zur Unterstützung der Gewichtsverlagerung. Die linke Hand erteilt Dreh-Schubhilfe an der rechten Beckenseite zur Unterstützung der Drehung.

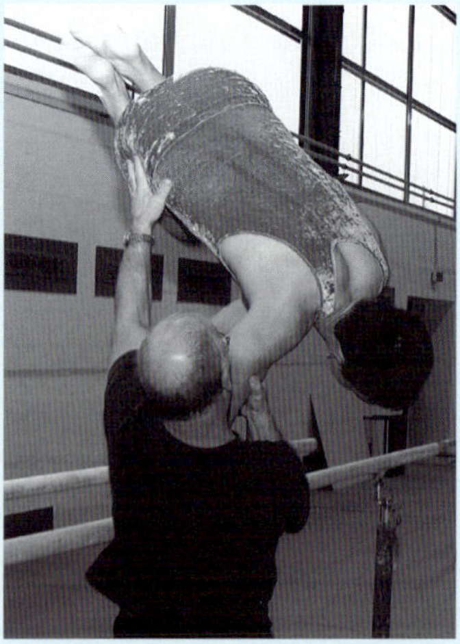

Fehlerkorrektur

➜ *Fehlerkorrektur*

Fehler	Maßnahmen
Der Turner bleibt am rechten Holm hängen:	
• zu geringe Gewichtsverlagerung auf den Stützarm.	Hinweis auf kräftigen Handabdruck links am Ende des Rückschwungs (Zughilfe intensivieren);
• Drehung um die Körperlängenachse zu gering.	linken Arm nach dem Abdruck schwunghaft über den rechten Holm verlagern (Dreh-Schubhilfe verstärken);
• Körper entfernt sich zu weit vom Stützarm.	Hinweis auf dichtes Drehen am rechten Stützarm; Gesäß nach oben.

Oberarm-Kippe

3.10 Oberarm-Kippe

Technik

➜ *Technik*

- Nach einem beidbeinigem Absprung in den Oberarmstütz, der zu einem Vorschwung führt, wird die Kipplage (eng gebeugte Hüftgelenke) eingenommen (1).
- Das nachfolgend schnelle Strecken der Hüftgelenke wird kurz vor Erreichen der gestreckten Körperhaltung (BRW<180°) abgebremst. Durch die dadurch ausgelöste Impulsübertragung werden die Schultern verbunden mit einem kräftigen Druck der Oberarme und der Hände auf die Holme vorwärts-aufwärts verlagert und somit eine hohe Vorschwungposition erreicht (2, 3).
- Es erfolgt der Abschwung in den Stütz (4).

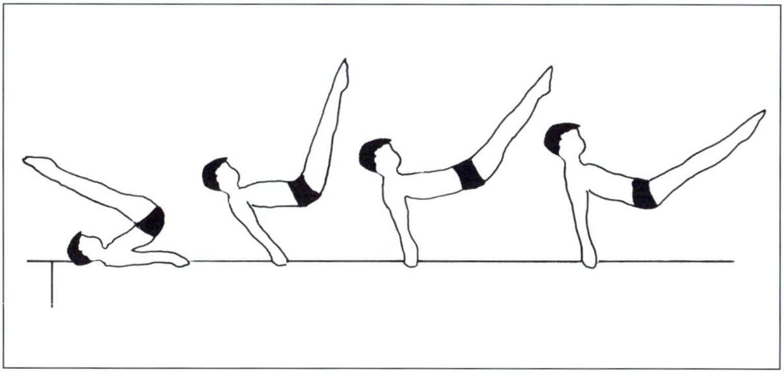

Abb. 12: Oberarm-Kippe

→ *Methodik*

Methodik

Spezielle vorbereitende Übungen
- Sprossenwand: Aus dem Hang rücklings: Heben der Beine und des Rumpfes in den Kipphang.
- Boden: Einnehmen der Kipplage (Arme gestreckt neben dem Körper).
- Barren: Aus dem Schwingen im Oberarmstütz: Vorschwung in die Oberarm-Kipplage; kurzes Verharren.

Vorübungen
- Vorschwung in die Oberarm-Kipplage, Oberarm-Kippe mit Hilfe.

Zielübung
Außenquerstand vorlings: Aus dem Anlauf und Absprung in den Oberarmstütz, Oberarm-Kippe.

Leistungssteigerung
- Oberarm-Kippe, Wende.
- Oberarm-Kippe, Rückschwung in den Oberarmstand / Handstand.
- Oberarm-Kippe, Dreh-Hocke.
- Aus dem Vorschwung, Senken in die Oberarm-Kipplage, Oberarm-Kippe.

→ *Helfen und Sichern*

Helfen

Der Helfer unterstützt den Vorschwung im Oberarmstütz durch Schubhilfe am Rücken, um die Kipplage zu erreichen. Die Kippbewegung wird durch Schubhilfe am Rücken unterstützt. Mit halbem Klammergriff am Oberarm wird der Übergang in den Stütz gesichert.	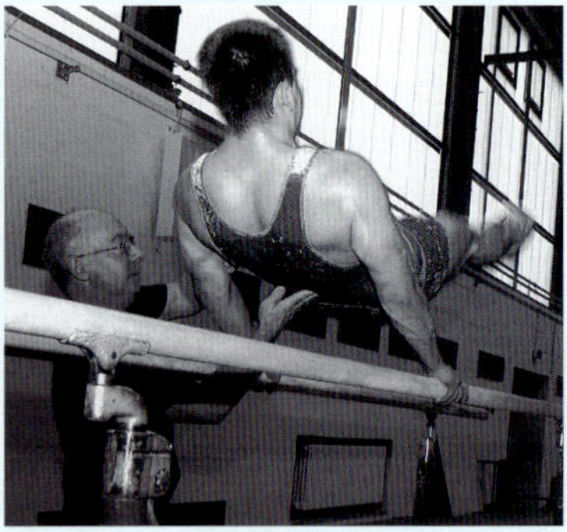

→ *Fehlerkorrektur*

Fehlerkorrektur

Fehler	Maßnahmen
Oberarm-Kipplage wird nicht erreicht, Gesäß zu flach.	Vorschwung intensivieren; Schulter- und Rumpfkraft entwickeln; Hilfe

Fehler	Maßnahmen
Streckung der Hüftgelenke • zu flach, • zu wenig intensiv.	Sichtpunkt geben (etwa 45 °), Hilfe. Hinweis auf schnellstmögliche Streckung.
Turner fällt nach Streckung zurück auf die Oberarme.	Hinweis auf Richtung (evt. zu steil) und nachfolgendes Abbremsen sowie Druck der Arme.
Nach Ausführen der Kippbewegung werden die Arme gebeugt.	Auf vollständige Streckung der Ellenbogen achten; Hinweis auf Spannungserhöhung in der Armmuskulatur.

Oberarm-Stemmaufschwung vorwärts

3.11 Oberarm-Stemmaufschwung vorwärts

Technik

→ ***Technik***

- Nach einem beidbeinigen Absprung in den Oberarmstütz in eine möglichst hohe Körperposition (1), wird ein Vorschwung ausgeführt. Die leicht gebeugten Arme liegen mit den Oberarmen auf den Holmen auf.
- Nach Passieren der Vertikalen (2) werden die Beine durch Verkleinerung des Bein-Rumpf-Winkels beschleunigt (3).
- Durch Abbremsen der Beine kurz nach Passieren der Holme erfolgt eine Impulsübertragung auf den Körperstamm, die, unterstützt durch den Druck der Arme auf die Holme (4), zur Vorwärts-aufwärts-Verlagerung des Körpers in den Stütz (Vorschwungposition) führt (5).

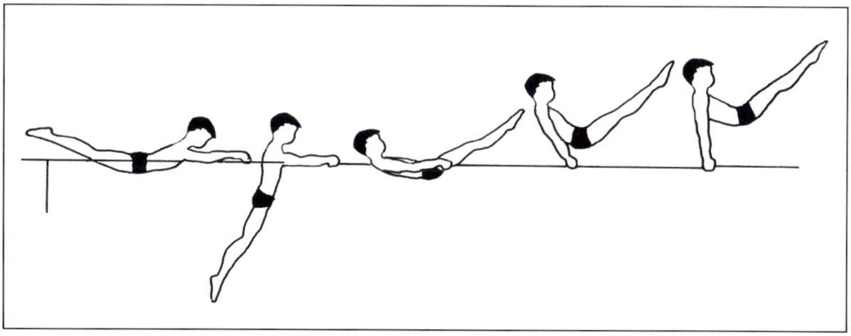

Abb. 13: Oberarm-Stemmaufschwung vorwärts

Methodik

→ ***Methodik***

Spezielle vorbereitende Übungen

- Schwingen im Oberarmstütz.

- Rückschwung in den Beugestütz; Vorschwung in den Stütz durch schnelles Strecken des BRW.
- Betonung des Abbremsens der Beine am Ende des Vorschwunges im Oberarmstütz.

Vorübungen

1. Zweimaliges Schwingen im Oberarmstütz, Oberarm-Stemmaufschwung vorwärts mit Hilfe.
2. Außenquerstand vorlings: Anlauf, Absprung in den Oberarmstütz, Oberarm-Stemmaufschwung vorwärts mit Hilfe.

Zielübung

Außenquerstand vorlings: Aus dem Anlauf und Absprung, Oberarm-Stemmaufschwung vorwärts.

Leistungssteigerung

- Rückschwung, Abschwung in den Oberarmstütz, Oberarm-Stemmaufschwung vorwärts.
- Oberarm-Stemmaufschwung vorwärts, Wende.
- Oberarm-Stemmaufschwung vorwärts, Dreh-Hocke.
- Oberarm-Stemmaufschwung, Rückschwung in den Oberarmstand/Handstand.

→ *Helfen und Sichern*

Helfen

Der Helfer unterstützt den Vorschwung nach Passieren der Senkrechten durch Schubhilfe am Rücken/Becken und bremst gegebenenfalls den Beinvorschwung mit der anderen Hand an den Fußgelenken/Unterschenkeln ab.

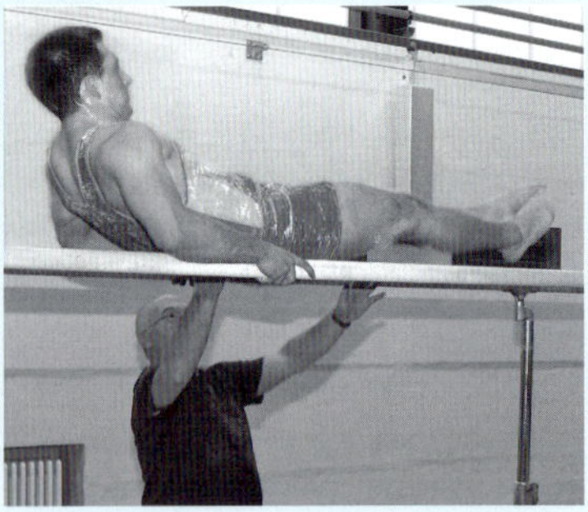

→ *Fehlerkorrektur*

Fehlerkorrektur

Fehler	Maßnahmen
Vorschwung zu flach, Beine werden nicht ausreichend beschleunigt.	Höherer Einsprung in die Holmengasse, Intensivierung des Beinvorschwunges nach Passieren der Vertikalen, Hilfe.

Fehler	Maßnahmen
Arme bei Erreichen des Stützes gebeugt (Misslingen).	Ellenbogen im Oberarmstütz nur geringfügig beugen; Intensiverer Beinvorschwung mit aktivem Abbremsen.
Hüftgelenke beim Übergang in den Stütz zu stark gebeugt; Rückschwung gelingt nicht.	Hinweis auf aktives Abbremsen des Beinvorschwunges kurz nach Passieren der Holme. Helfer drückt in dieser Phase die Beine nach unten.

Oberarm-Stemmaufschwung rückwärts
Technik

3.12 Oberarm-Stemmaufschwung rückwärts

➜ ***Technik***

- Aus dem Außenquerstand vorlings: Anlauf, Absprung in den Oberarmstütz, Vorschwung in die flüchtige Oberarm-Kipplage (1).
- Zügiges Strecken der Hüftgelenke; Richtung der Beine nach vorn-oben (ca. 45°). Die Schultern werden an die grifffesten Hände herangezogen; der Kopf ist nach vorn geneigt (2).
- Der Abschwung wird mit leicht gebeugten Hüftgelenken ausgeführt (3).
- Mit Passieren der Vertikalen werden die Beine durch Überstrecken des BRW in Schwungrichtung beschleunigt (4).
- Durch das Abbremsen der Beine im Bereich der Holme (Bändersperre und Muskelkraft) erfolgt eine Impulsübertragung von den Beinen auf den Körperstamm (5). Der gleichzeitige Druck der Arme und Hände auf die Holme führt zur Aufwärtsverlagerung des Schultergürtels und Streckung der Ellenbogengelenke (6).
- Der Stütz wird in einer etwa horizontalen Rückschwungposition erreicht (7).

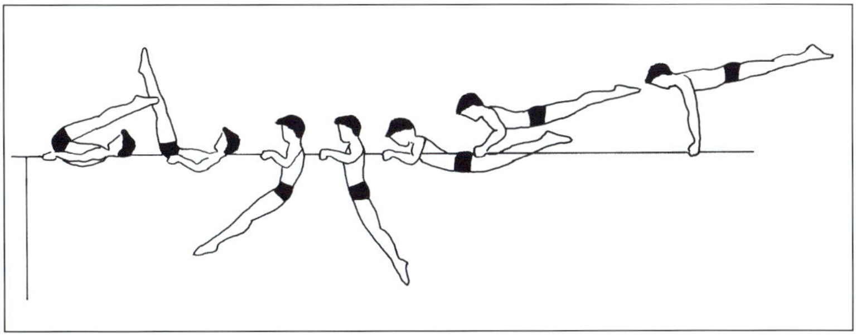

Abb. 14: Oberarm-Stemmaufschwung rückwärts

→ *Methodik*

Methodik

Spezielle vorbereitende Übungen
- Schwingen im Oberarmstütz mit Betonung des Rückschwunges.

Vorübungen
1. Aus dem zweimaligen Schwingen im Oberarmstütz, Heranziehen der Schultern an die grifffesten Hände am Ende des Vorschwunges, Oberarm-Stemmaufschwung mit Hilfe.
2. Aus dem Außenquerstand vorlings: Anlauf, Sprung in den Oberarmstütz, Vorschwung in die flüchtige Kipplage, Oberarm-Stemmaufschwung rückwärts mit Hilfe.

Zielübung
Außenquerstand vorlings: Aus dem Anlauf und Absprung in den Oberarmstütz, Oberarm-Stemmaufschwung rückwärts.

Leistungssteigerung
- Oberarm-Stemmaufschwung rückwärts, Kehre.
- Oberarm-Stemmaufschwung mit Vorgrätschen in den Beugestütz/Stütz.
- Oberarm-Stemmaufschwung rückwärts in den Oberarmstand/Handstand.

→ *Helfen und Sichern*

Helfen

Der Helfer unterstützt durch Schubhilfe am Gesäß den hohen Abschwung und leistet dann nach Passieren der Vertikalen Schubhilfe an der Vorderseite der Oberschenkel.	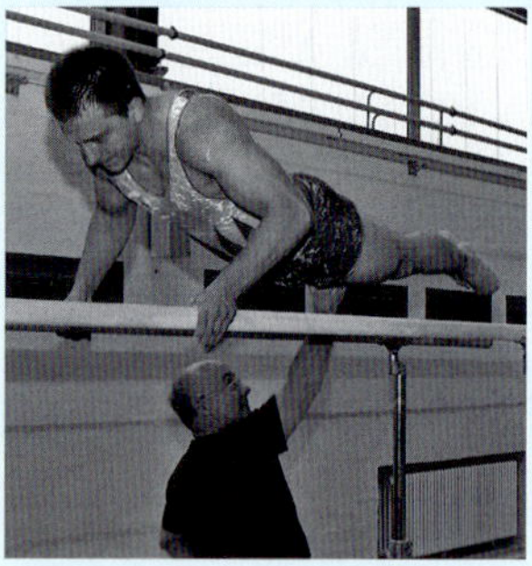

→ *Fehlerkorrektur*

Fehlerkorrektur

Fehler	Maßnahmen
Schultern werden in der Vorbereitungsphase nicht an die Hände gezogen, Strecken der Hüftgelenke zu flach.	Hinweis, Sichtpunkt (45°); Schubhilfe an den Schultern, Schubhilfe am Gesäß, um vorzeitiges Senken zu verhindern.

Fehler	Maßnahmen
Beinrückschwung zu gering oder zu spät.	Schubhilfe, Zuruf.
Beim Aufschwung rutschen die Hände unter die Schultern, Knie- und Hüftgelenke werden gebeugt.	Der Helfer fixiert die Hände an den Holmen; Hinweis auf „peitschenförmigen" Beinrückschwung.

Oberarm-Felgumschwung

3.13 Oberarm-Felgumschwung

Technik

→ *Technik*

- Aus dem Rückschwung im Stütz erfolgt das Senken in den Oberarmstütz (1).
- Nach Passieren des unteren Vertikalbereiches werden die Beine durch leichtes Beugen in den Hüftgelenken nach vorn-oben beschleunigt und mit Erreichen des oberen Vertikalbereiches wieder schnellkräftig gestreckt (Felgbewegung); der Vorwärts-aufwärts-Schwung wird durch Druck der Oberarme und Hände auf die Holme unterstützt (3, 4).
- Die Hände lösen sich von den Holmen, die Arme werden nach außen geführt, und es erfolgt das schnelle Wiedererfassen der Holme vor den Schultern (5, 6).
- Der Oberarm-Felgumschwung endet mit dem Abschwung im Oberarmstütz (7).

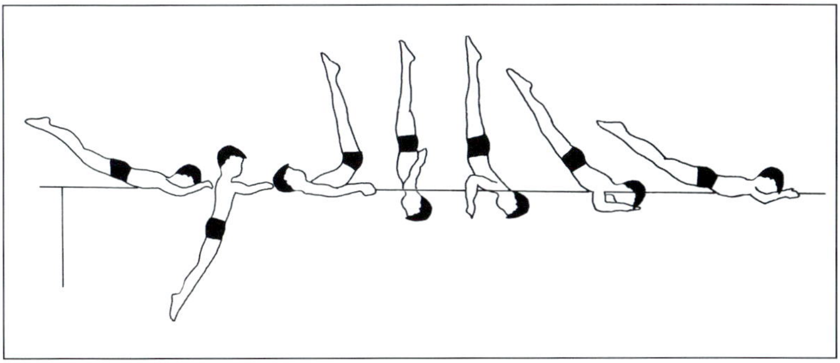

Abb. 15: Oberarm-Felgumschwung

Methodik

→ *Methodik*

Spezielle vorbereitende Übungen

- Oberarm-Stemmaufschwung vorwärts.
- Boden: Felgrolle.

Vorübungen

1. Aus dem zweimaligen Schwingen im Oberarmstütz: Oberarm-Felgumschwung mit Hilfe.
2. Aus dem Rückschwung im Stütz: Oberarm-Felgumschwung mit Hilfe.

Zielübung

Oberarm-Felgumschwung.

Leistungssteigerung

- Oberarm-Felgumschwung (2 x).
- Oberarm-Felgaufschwung in den Oberarmstand / Handstand.

→ *Helfen und Sichern*

Helfen

Der Helfer erteilt Schubhilfe am Rücken.	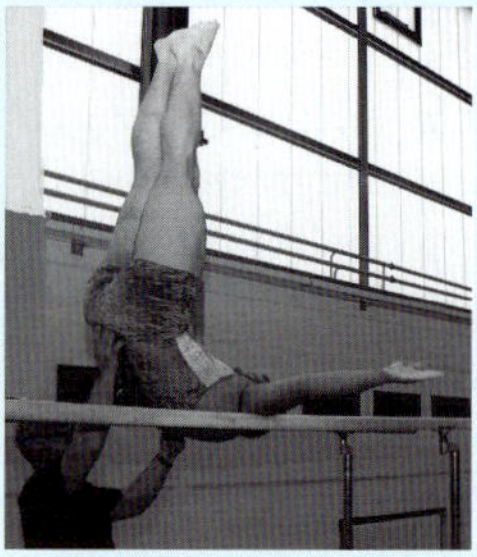

→ *Fehlerkorrektur*

Fehlerkorrektur

Fehler	Maßnahmen
Der Umschwung wird nicht realisiert.	Der Vorschwung der Beine ist zu wenig intensiv; zu frühe Streckung; Hinweis, Schubhilfe.
Der Körper bleibt während des Umschwunges gebeugt.	Schnellere Streckung des BRW in Richtung der oberen Vertikalen.
Schulter rutscht während des Aufschwunges nach vorn.	Festen Griff halten, bis der Vertikalbereich erreicht worden ist.

3.14 Kippaufschwung vorwärts

Kippaufschwung vorwärts

→ *Technik*

Technik

- Aus dem Innenquerstand oder nach beidbeinigem Absprung: Erfassen der Holme im Ellgriff, Vorschwung mit gebeugten Hüftgelenken (1, 2).

– Am Ende des Vorschwunges werden ARW und BRW vollständig gestreckt, und es erfolgt im Umkehrpunkt das schnelle Beugen der Hüftgelenke, so dass frühzeitig der enge Kipphang erreicht wird (3, 4).
– Während des Rückschwunges wird der Hüftwinkel angemessen schnell, d. h. auf den Pendelschwung abgestimmt, gestreckt, wobei die Beine nach oben vorn und dann abwärts verlagert werden (5).
– Durch Druck der Hände auf die Holme wird die Aufwärtsverlagerung des Körpers unterstützt, und es wird eine Vorschwungposition erreicht (6).

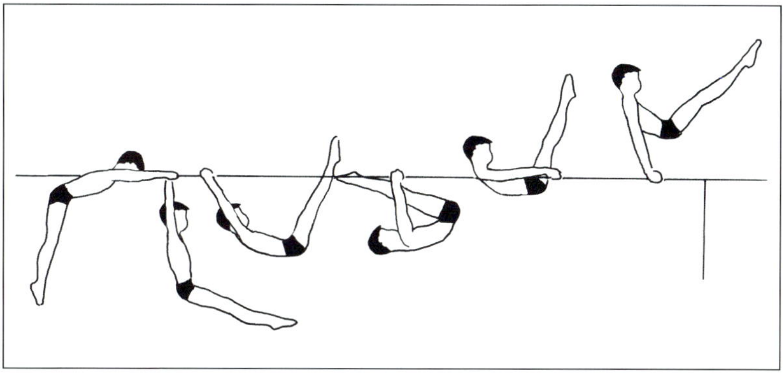

Abb. 16: Kippaufschwung vorwärts

Methodik

→ *Methodik*

Spezielle vorbereitende Übungen

– Reck: Kippaufschwung vorlings vorwärts.
– Reck: Kippaufschwung rücklings vorwärts.

Vorübungen

1. Aus dem Vorlaufen: Kippaufschwung mit Hilfe.
2. Aus dem Vorschwung mit Abdruck von den Beinen: Kippaufschwung mit Hilfe.

Zielübung

Aus dem Innen- oder Außenquerstand oder beidbeinigem Absprung: Kippaufschwung vorwärts.

Leistungssteigerung

– Kippaufschwung vorwärts, Wende.
– Kippaufschwung vorwärts, Rückschwung in den Oberarmstand/Handstand.

→ *Helfen und Sichern*

Helfen

Ein Helfer erteilt Schub- und Drehhilfe an den Unterschenkeln und am Rücken.	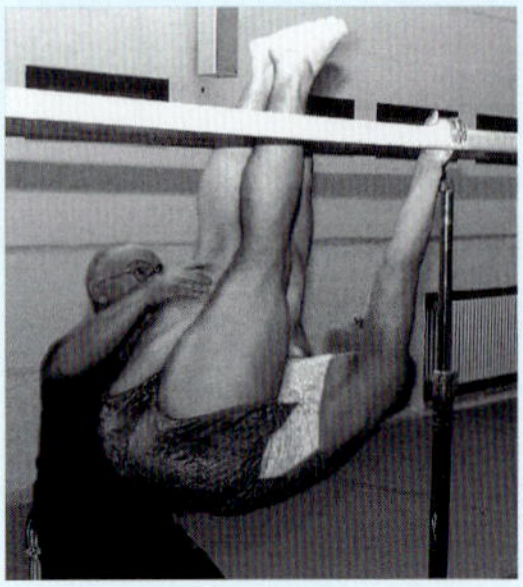

→ *Fehlerkorrektur*

Fehlerkorrektur

Fehler	Maßnahmen
Der Stütz wird nicht erreicht; Kippbewegung zu flach.	Sichtpunkt für die Streckrichtung der Beine (45°); Hilfe.
Kippbewegung zu steil.	s.o.
Der Stütz wird mit starkem Beugen der Arme erreicht.	Kippbewegung intensivieren, Druck der Hände auf die Holme verstärken; Hilfe.

3.15 *Felgabschwung*

Felgabschwung

Der Felgabschwung kann als Aufgang und als Mittelteil geturnt werden. Beide Ausführungen sind als Zielübung zu charakterisieren, wenngleich die Ausführung aus dem Stütz gegenüber der Ausführung aus dem Stand auch als Leistungssteigerung betrachtet werden kann. Wir beschreiben nachfolgend den Felgaufschwung aus dem Stand, da er in der methodischen Reihe am Anfang steht.

→ *Technik*

Technik

- Aus dem Innenquerstand mit Ellgriff, Arme fast gestreckt: Absprung zum Vorschwung mit schnellem Beugen der Hüftgelenke und sofortigem Strecken verbunden mit einem kräftigen Zug der fast gestreckten Arme durch Verkleinerung des ARW (1–5).
- Durch die Impulsübertragung kommt es zur Bewegungsumkehr von einer Drehung rückwärts zu einer Vorwärtsdrehung des Körpers (5).
- Um das Passieren der Holmebene zu ermöglichen, erfolgt das schnelle Umgreifen der Hände und Auflegen der Oberarme (6).
- Der Körper erreicht die Vorschwungposition im Oberarmstütz (7).

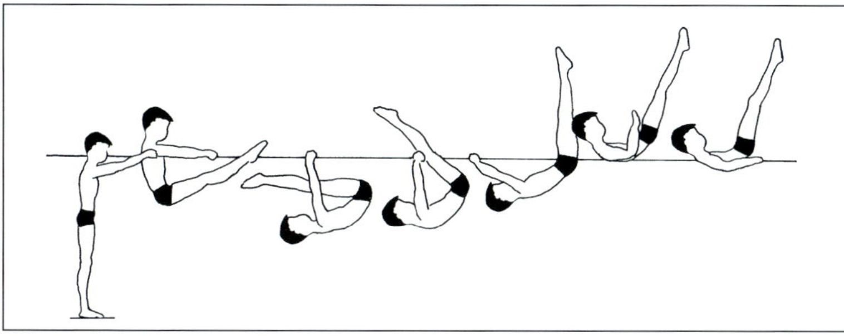

Abb. 17: Felgabschwung

Methodik

→ *Methodik*

Spezielle vorbereitende Übungen

– Reck: Felgabschwung.

Vorübungen

– Aus dem Innenquerstand: Felgabschwung mit Hilfe.

Zielübung

Aus dem Innenquerstand: Felgabschwung in den Oberarmstütz.

Leistungssteigerung

– Aus dem Stütz: Felgabschwung in den Oberarmstütz (s. Vorbemerkungen zum Felgabschwung).
– Aus dem Stütz: Felgabschwung in den Stütz.
– Aus dem Innenquerstand/Stütz: Felgabschwung mit ½ Drehung in den Oberarmstütz.

Helfen

→ *Helfen und Sichern*

Schubhilfe am Rücken und an der Rückseite des Oberschenkels.	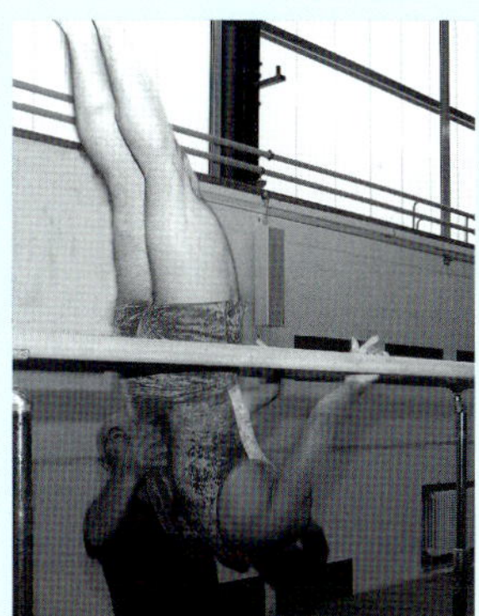

→ *Fehlerkorrektur*

Fehlerkorrektur

Fehler	Maßnahmen
Der Oberarmstütz wird nicht erreicht: • Die Ausführung ist zu flach. • Das Lösen des Griffes gelingt nicht; die Holmebene wird nicht passiert.	Hinweis auf eine spätere Streckung der Hüftgelenke, so dass der Körper etwas steiler nach oben verlagert wird; Intensivierung von Beuge-Streckbewegung und Zug der Arme (schnellkräftige ARW-Verkleinerung).
Die Ellenbogen behindern das Passieren der Holmebene.	Ellenbogen im Stand oder während der Felgbewegung zu stark gebeugt.

3.16 Felgaufschwung

Felgaufschwung

→ *Technik*

Technik

- Aus dem Innenquerstand, Erfassen der Holme mit Speichgriff; Arme leicht gebeugt (1).
- Schnelles Beugen der Hüftgelenke (2) und sofortiges nachfolgendes Strecken mit Zug der Hände an den Holmen (Felgbewegung) (3,4).
- Unmittelbar nach der kurzzeitigen Beuge-Streckbewegung der Hüftgelenke erfolgt das Lösen des Griffes, das schnelle Heranführen der Ellbogengelenke an den Brustkorb (5) und Wiedererfassen der Holme, sobald der Schultergürtel diese in der Aufwärtsbewegung passiert hat (6).
- Der Felgaufschwung endet in der Rückschwungposition (7).

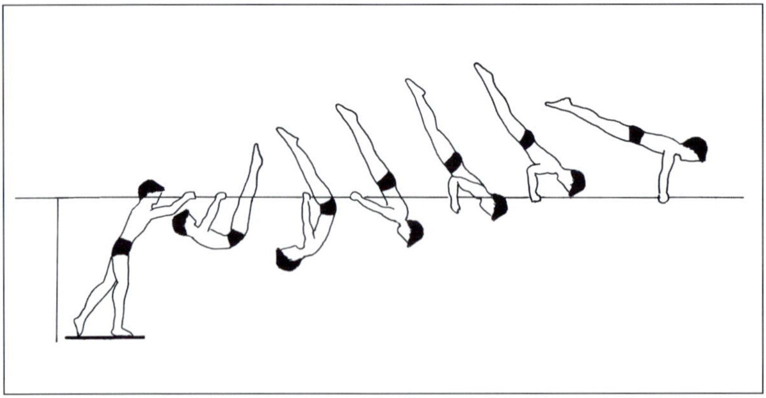

Abb. 18: Aus dem Stand: Felgaufschwung in den Stütz

Methodik

➜ *Methodik*

Spezielle vorbereitende Übungen
- Boden: Felgrolle.
- Reck: Felgaufschwung.
- Barren: Felgabschwung.

Vorübungen
1. Aus dem Innenquerstand am Barrenende (Blick nach außen): Felgaufschwung mit Hilfe.
2. Aus dem Innenquerstand: Felgaufschwung mit Hilfe.

Zielübung
Aus dem Innenquerstand: Felgaufschwung in den Stütz.

Leistungssteigerung
- Aus dem Innenquerstand: Felgaufschwung in den Oberarmstand/Handstand.
- Aus dem Stütz: Felgumschwung in den Stütz.
- Aus dem Stütz: Felgaufschwung in den Oberarmstand/Handstand.

Helfen

➜ *Helfen und Sichern*

Der Helfer erfasst unterhalb der Holme die Schulter und erteilt Schubhilfe. Die zweite Hand unterstützt den Aufschwung durch Schubhilfe am Rücken.	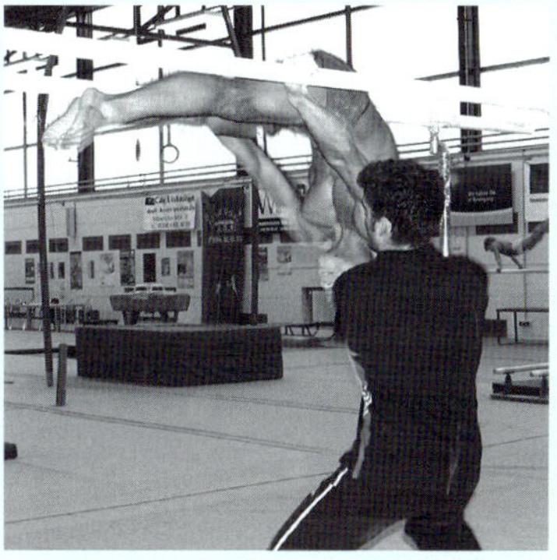

Fehlerkorrektur

➜ *Fehlerkorrektur*

Fehler	Maßnahmen
Die Felgbewegung erfolgt zu spät, d. h. die Streckung wird erst hinter der Vertikalen ausgeführt.	Hinweis auf Richtung und Zeitpunkt der Streckbewegung. Fortsetzung S. 62

Fehler	Maßnahmen
Die Streckbewegung wird zu früh (zu steil) angesetzt; der Turner fällt zurück.	Bewegungsführende Hilfe, Hinweis auf Richtung.
Die Ellenbogen bleiben an den Holmen hängen.	Hinweis auf dichtes Heranführen der Ellenbogen an den Körper während des Passierens der Holme.

Kapitel 4

Reck

4 Reck

Das Reck wird entweder fest im Turnhallenboden als Pfostenreck verankert (die transportablen Pfosten werden in die im Turnhallenboden eingelassenen Hülsen eingesetzt), oder es wird als Spannreck aufgestellt. Die Geräthöhe im Wettkampf beträgt 2,60 m (oberhalb der Matte). Es lässt sich aus methodischen Gründen und darüber hinaus in den unterschiedlichen Altersbereichen (bes. im Kinder- und Seniorenturnen) in der Höhe variieren. Das tiefer eingestellte Gerät (schulter-, kopf- oder reichhoch) wird als Stützreck, das Wettkampfgerät auch als Hochreck bezeichnet. Das Reck eignet sich aber auch für den Einsatz im Rahmen des Alternativen Turnens (Hindernisturnen, Bewegungslandschaften (vgl. Leirich, Bernstein & Gwizdek, 2007)). Durch das Turnen am Reck werden vor allem die koordinativen Fähigkeiten und die relative Kraft entwickelt. Besondere Aufmerksamkeit ist auf die Entwicklung der Schwungfähigkeit im Hang (Grundschwung) zu lenken, weil diese als Voraussetzung für die Realisierung aller Schwungelemente anzusehen ist.

Die Reckübung muss schwunghaft präsentiert werden, das heißt, sie darf nur aus der Verbindung von Schwung- und Flugelementen sowie Drehungen bestehen. Die Kombination muss sowohl stangennahe als auch stangenferne Elemente enthalten, und es sollte die Vielfalt der Griffmöglichkeiten ausgenutzt werden. Halten und Pausen sind nicht erlaubt bzw. führen zu Punktabzügen in der Wertung.

Die Schwungübungen im Hang und Stütz sind den Strukturgruppen der Kipp-, Felg-, Stemm-, Überschlag- sowie der Auf-, Um- und Abschwungbewegungen zuzuordnen. Integraler Bestandteil können auch die Beinschwungbewegungen sein. Die Übungen werden vorrangig im Seitverhalten ausgeführt, aber es gibt auch Elemente, die zwischenzeitlich im einarmigen Hang geturnt werden und – wie auch die Drehungen – über das flüchtige Querverhalten realisiert werden. Besonderheiten ergeben sich aus dem speziellen Griffverhalten (Rist-, Kamm-, Zwie- und Ellgriff).

Einige der folgenden Übungen werden am Stützreck vorbereitet und dann auf das Hochreck im Sinne der Leistungssteigerung übertragen, andere können nur am Hochreck (Stemmbewegungen, Riesen-Umschwünge) geturnt werden. Eine zentrale Bedeutung für das Turnen am Reck hat der Grundschwung.

Grundschwung

4.1 Grundschwung

Das technisch richtige Schwingen im Hang ist eine wichtige Voraussetzung für alle Schwungübungen am Reck, die im Hang ausgeführt werden: Kippbewegungen, Felgbewegungen, Stemmbewegungen, Überschlagbewegungen und Drehungen.
Wir sprechen vom Grundschwung, wenn das Schwingen selbstständig – d. h. ohne das Anfügen weiterer struktureller Merkmale – ausgeführt wird.[1] *Auf Grund seiner besonderen methodischen Funktion kann er nicht als Zielübung bezeichnet werden.*

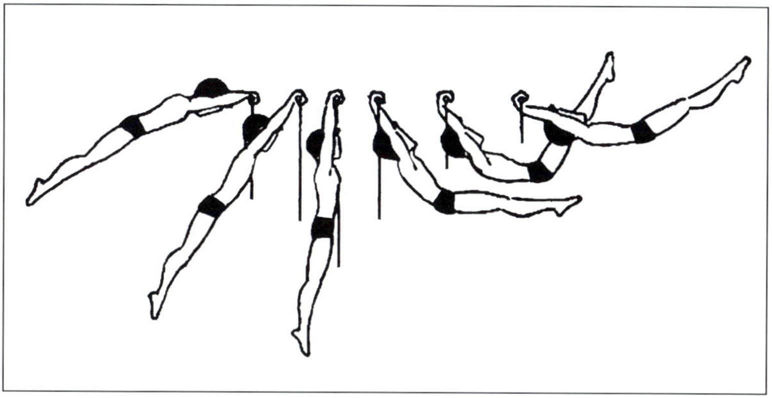

Abb. 19: Grundschwung

Technik

➜ *Technik*

- Der Grundschwung wird eingeleitet durch einen Felgabschwung aus dem Hang in den Hang („Schwung holen").
- Im Umkehrpunkt des Rückschwunges werden die Hüftgelenke leicht gebeugt, der ARW ist gestreckt (1).
- Mit dem Abschwingen (2) erfolgt im Bereich der unteren Vertikalen das Strecken der Hüftgelenke (3).
- Das danach erfolgende schnelle Beugen der Hüftgelenke dient der Anreicherung kinetischer Energie und der Verkürzung des Pendels, so dass ein höheres Aufschwingen des Körpers zustande kommt. In dieser Phase erfolgt eine geringfügige Verkleinerung des ARW, die diesen Effekt verstärkt (4, 5).
- Das nachfolgende Abbremsen des Beinvorschwunges führt zur Impulsübertragung. Mit Erreichen des Umkehrpunktes am Ende des

1 Die mechanischen Grundlagen werden im Zusammenhang mit der Strukturellen Systematik ausführlich erörtert. In: Leirich, J., Bernstein, H.-G. & Gwizdek, I. (2007). *Turnen an Geräten*. Praxisideen. Band 29. Schorndorf: Hofmann-Verlag, S. 25 f.

Vorschwunges werden ARW und BRW schnell geöffnet, so dass der KSP maximal von der Drehachse entfernt wird (6).
- Beim Rückschwung wird nach Passieren der unteren Vertikalen wieder eine leichte bis mittlere Beugung der Hüftgelenke eingenommen.

→ *Methodik*

Methodik

Spezielle vorbereitende Übungen
- Entwicklung der Grifffestigkeit durch Hangübungen an den Turngeräten, an Tau, Sprossenwand und Kletterstangen.
- Übungen zur Entwicklung der Körperspannung.

Vorübungen
Einnehmen der Rückschwungposition mit Unterstützung durch einen Helfer (s. Helfen und Sichern).

Zielübung im methodischem Sinne (s. Vorbemerkungen)
Grundschwung.

Leistungssteigerung
Grundschwung mit ½ Drehung und gleichzeitigem Griffwechsel beim Vorschwung.

→ *Helfen und Sichern*

Helfen

Ein Helfer unterstützt das Einnehmen der Rückschwungposition durch beidhändigen Stütz der Hüftgelenke.	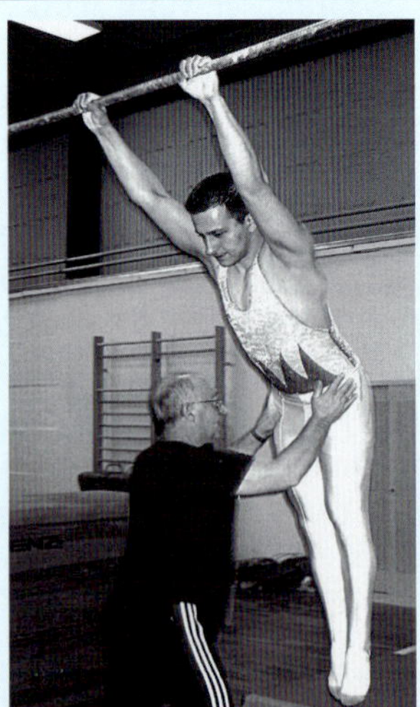

Fehlerkorrektur

→ *Fehlerkorrektur*

Fehler	Maßnahmen
Während des Rückschwunges wird der Körper überstreckt (Hohlkreuz).	Hinweis auf Halten des Beugewinkels in den Hüftgelenken; Hilfe (Rückschwungposition einnehmen).
Kein aktiver Vorschwung nach Passieren der unteren Vertikalen.	Hinweis auf schnellen Beinvorschwung mit nachfolgendem Fixieren des BRW.
ARW wird beim Vorschwung zu stark verkleinert; Schulter bleibt zurück.	Aktives Vergrößern des ARW am Ende des Vorschwunges.

Knie-Aufschwung vorwärts

4.2 Knie-Aufschwung vorwärts

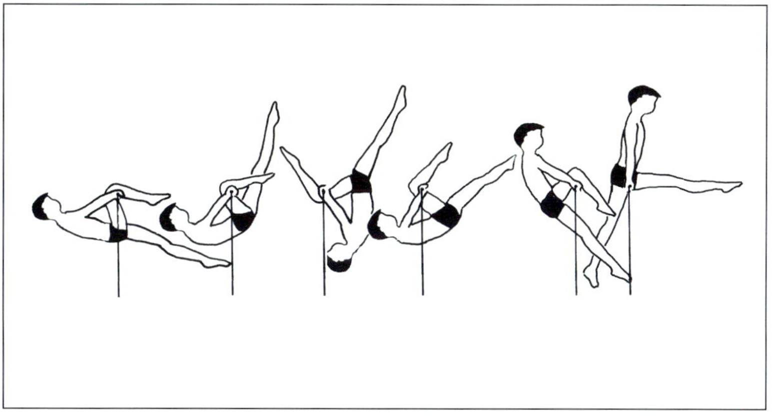

Abb. 20: Knie-Aufschwung vorwärts

Technik

→ ***Technik***

Die Technikbeschreibung bezieht sich auf den Knie-Aufschwung rechts vorwärts.

- Ausgangsposition ist der Kniehang rechts zwischen den Händen mit gestreckten Armen, das Kniegelenk ist etwa rechtwinklig gebeugt; Hüft- und Kniegelenk des linken Schwungbeines sind gestreckt, der Kopf ist leicht vorgeneigt (1).
- Zum Schwungholen wird das Hüftgelenk des Schwungbeines stark gebeugt und nach vorn-oben geschwungen (Aufwärtsverlagerung des KSP und Entfernung von der Drehachse) (2).

- Kräftiger Rückschwung des Schwungbeines bis zur leichten Überstreckung des Hüftgelenkes (3–4).
- Im aufschwingenden Abschnitt der Bewegung werden die Ellenbogengelenke geringfügig gebeugt (5).
- Erreichen des Seitsitzes rechts mit nachfolgendem Strecken des Kniegelenkes (6).

➜ *Methodik*

Methodik

Die Erarbeitung erfolgt am schulter- bis kopfhohen Reck bzw. am unteren Holm des Stufenbarrens.

Spezielle vorbereitende Übungen

- Aus dem Hangstand vorlings mit Ristgriff: Vorhocken des rechten Beines in den Kniehang.
- Im Kniehang rechts: Vor- und Rückschwingen mit betontem Einsatz des Schwungbeines.

Vorübungen

1. Aus dem Kniehang rechts: Nach mehrfachem Schwungholen, Knie-Aufschwung mit Hilfe.
2. Aus dem Kniehang rechts: Nach zweimaligem Schwungholen Knie-Aufschwung.

Zielübung

Aus dem Kniehang rechts: Knie-Aufschwung vorwärts in den Seitsitz rechts bzw. Stütz mit gespreizten Beinen.

Leistungssteigerung

- Aus dem Seitsitz rechts: Knie-Abschwung rückwärts mit anschließendem Knie-Aufschwung vorwärts.
- Aus dem Seitstand vorlings: Vorlaufen bzw. Vorschwung mit gebeugten Hüftgelenken, Vorhocken rechts, Knie-Aufschwung vorwärts.
- Aus dem beidbeinigen Absprung in den flüchtigen Kipphang: Vorhocken rechts, Knie-Aufschwung vorwärts.
- Hochreck: Aus dem Vorschwung, Vorhocken rechts, Knie-Aufschwung vorwärts.
- Aus dem Seitstütz vorlings: Abschwung rückwärts in den Kipphang vorlings, Vorhocken rechts Knie-Aufschwung vorwärts.

Helfen

→ *Helfen und Sichern*

Ein Helfer steht seitlich vom Übenden auf der Schwungbeinseite und unterstützt das einleitende Schwungholen durch Dreh-Schubhilfe an der Schulter. Mit Beginn des Aufschwunges erteilt die andere Hand kurzzeitig Drehhilfe am Oberschenkel des Schwungbeines. Die zweite Hand leistet Schubhilfe am Rücken.	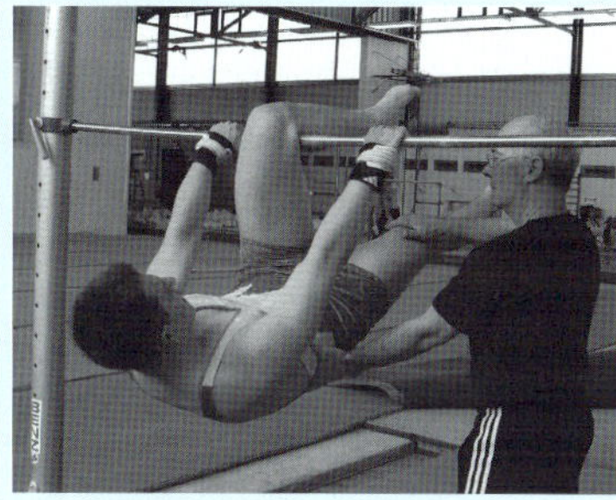

Fehlerkorrektur

→ *Fehlerkorrektur*

Fehler	Maßnahmen
Zu schwacher Rückschwung des Schwungbeines (unzureichende Hüftstreckung oder gebeugtes Kniegelenk des Schwungbeines).	Wiederholen des Schwingens im Kniehang mit und ohne Unterstützung durch einen Helfer.
Schwungbein bleibt bei der Ausholbewegung zu dicht an der Drehachse.	Beschleunigung des Schwungbeines noch vorn-oben.
Arme beim Aufschwung stark gebeugt.	Rückschwung des Schwungbeines verstärken.

Knie-Umschwung rückwärts

4.3 Knie-Umschwung rückwärts

Technik

→ *Technik*

- Aus dem Seitstütz mit Ristgriff und gespreizten Beinen (oder Sitz auf einem Oberschenkel) (1): Zunächst Vorschwung des (rechten) Schwungbeines, dann Rückschwung des Schwungbeines und der Hüften nach hinten-oben mit gleichzeitigem Beugen des vorderen (linken) Beines und „Einhängen“ in der Kniekehle; Körper gestreckt und Kopf in leichter Nackenhalte (2).
- Abschwung rückwärts in den Kniehang links mit gestreckten Armen (3).
- Beugen der Hüften und schnelles Schwingen des Schwungbeines nach hinten-oben über die Reckstange (4–5).
- Sofortiges „Umsetzen“ der Hände und Abbremsen des Umschwunges durch Aufrichten des Oberkörpers.

– Schieben des Beckens nach vorn über die Reckstange. Die Übung endet in der Ausgangslage, wobei das linke Bein gestreckt werden kann (6).

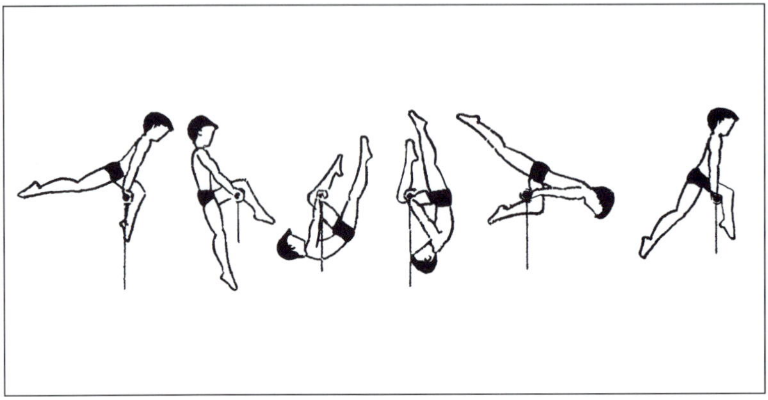

Abb. 21: Knie-Umschwung rückwärts

→ *Methodik*

Methodik

Die Erarbeitung erfolgt am Stützreck bzw. am unteren Holm des Stufenbarrens.

Spezielle vorbereitende Übungen
- Entwicklung der Körperspannung durch vielfältige Übungen in unterschiedlichen Körperhaltungen.
- Entwicklung der Grifffestigkeit.

Vorübungen
1. Schwingen im Knie-Liegehang.
2. Üben der Ausholbewegung bis in den Knieliegehang.
3. Knie-Umschwung mit Hilfe.

Zielübung
Aus dem Seitstütz mit gespreizten Beinen: Knie-Umschwung rückwärts.

Leistungssteigerung
- Knie-Umschwung rückwärts 1 ½ mal, Knie-Aufschwung mit Griffwechsel zum oberen Holm des Stufenbarrens.

Helfen

→ *Helfen und Sichern*

Zum Erlernen der Ausholbewegung steht der Helfer hinter der Reckstange und unterstützt mit der stangenfernen Hand die Ausholbewegung des Schwungbeines durch Schub am Oberschenkel/Knie.

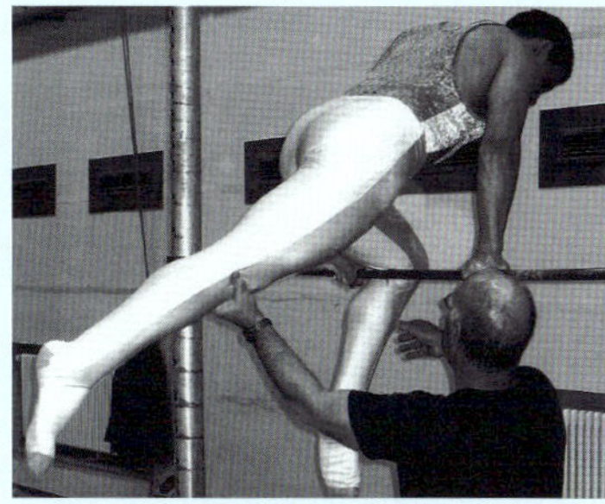

Beim Knie-Umschwung steht der Helfer seitlich vor dem Übenden. Die stangennahe Hand erfasst unter der Reckstange hindurch mit halbem Klammergriff den Oberarm. Mit der anderen Hand wird Schub-Dreh-Hilfe am Rücken/Gesäß erteilt.

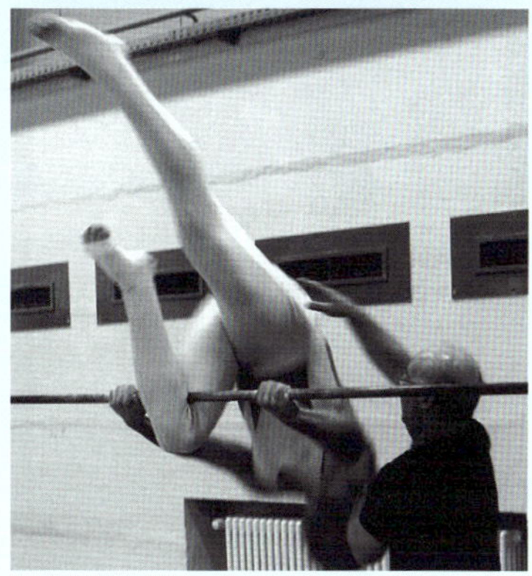

Fehlerkorrektur

→ *Fehlerkorrektur*

Fehler	Maßnahmen
Keine ausreichende Ausholbewegung.	Hinweis und Hilfe.
Arme und Körper zu Beginn des Abschwunges gebeugt; Beugung der Hüftgelenke zu früh.	Hinweis und Hilfe.
Fehlendes Abbremsen des Schwungbeines und ungenügende Aufrichtung des Körpers.	Abbremsen des Schwungbeines durch Helfer und Schubhilfe an der Schulter.

Hüft-Aufschwung

4.4 *Hüft-Aufschwung*

Technik

→ *Technik*

– Ausgangsstellung ist der Seitstand vorlings in Schrittstellung (oder mit geschlossenen Beinen) mit Ristgriff, die Ellbogengelenke sind gebeugt, die Schultern sind dicht an der Reckstange. Das Standbein

steht nahe der Gerätsenkrechten, das Schwungbein ist zurück gesetzt (1).
- Vorwärts-aufwärts-Schwingen des Schwungbeines bei gleichzeitigem Abdruck vom Standbein und Armzug (2, 3).
- Das Becken wird schnell zur Reckstange geschwungen, und die Beine werden geschlossen (3).
- Abbremsung der Beine, Streckung der Ellbogengelenke und Aufrichtung des Rumpfes (4).
- Erreichen des Stützes mit gestrecktem Körper (5).

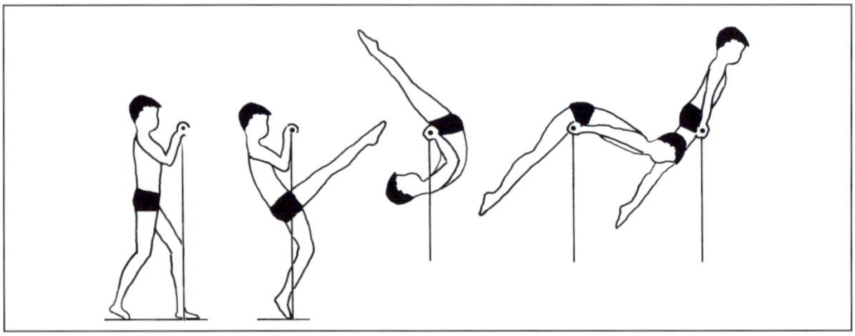

Abb. 22: Hüft-Aufschwung

→ *Methodik*

Methodik

Die Erarbeitung erfolgt am schulterhohen Reck bzw. am unteren Holm des Stufenbarrens.

Spezielle vorbereitende Übungen
- Entwicklung der Armkraft durch Klimmzüge (im Schrägstand am Reck, Stufenbarren oder im Hang).
- Entwicklung der Bauchmuskulatur durch Beinheben aus der Rückenlage oder im Hang.

Vorübungen
1. Aus der Schrittstellung (das Abdruckbein steht auf einem Kastendeckel, Turnhocker) mit Ristgriff: Hüft-Aufschwung mit Hilfe.
2. Hüft-Aufschwung mit Hilfe.

Zielübung

Aus dem Seitstand vorlings mit Ristgriff: Hüft-Aufschwung.

Leistungssteigerung
- Aus dem Seitstand vorlings mit Ristgriff: Hüft-Aufschwung mit Abdruck beider Beine.
- Hüft-Aufschwung am reichhohen Reck.

Helfen

→ *Helfen und Sichern*

Der Helfer steht seitlich vor dem Übenden. Die stangennahe Hand erfasst unter der Reckstange hindurch die Schulter und erteilt Drehhilfe. Mit der anderen Hand erfolgt Schubhilfe am Rücken (Gesäß).	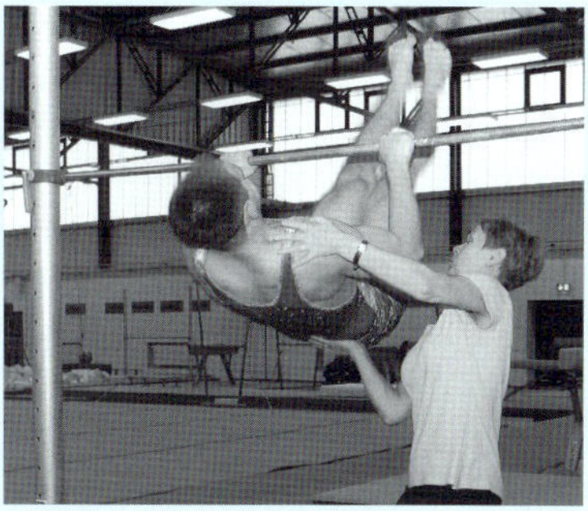

Fehlerkorrektur

→ *Fehlerkorrektur*

Fehler	Maßnahmen
Hüfte entfernt sich im Aufschwung von der Reckstange.	Hinweis: Standposition falsch (Standbein zu weit entfernt von der Gerätsenkrechten, Arme nicht genug gebeugt); Markierung.
Hüfte erreicht nicht die Reckstange, weil die Arme gestreckt werden.	Hinweis auf Beugung der Arme und Hüftgelenke; schnellerer Schwungbeineinsatz (Richtung: über das Reck hinweg), stärkerer Abdruck vom Standbein.
Hüftgelenke werden im Aufschwung vorzeitig aufgestreckt.	Schubhilfe am Oberschenkel; Hinweis auf Beibehaltung der Hüftbeugung und kräftigen Armzug.

Hüft-Aufzug

4.5 Hüft-Aufzug

Die Übung gehört zu den Formen des Hebens und Senkens, d. h. sie wird mit einer relativ langsamen Verlagerung des Körpers ausgeführt.[2]

Technik

→ *Technik*

- Aus dem Hang vorlings mit Ristgriff (1)
- werden Arme und Hüftgelenke gebeugt, und die Hüfte wird gebeugt zur Reckstange gehoben. Der Kopf ist zur Brust geneigt (2).

2 vgl. Leirich, J. Bernstein, H.-G. & Gwizdek, I. (2007). *Turnen an Geräten*. Praxisideen. Band 29. Schorndorf: Hofmann, S. 23 f.

- Nach Berühren der Stange durch die Hüfte erfolgt das Aufrichten in den Stütz vorlings (3).

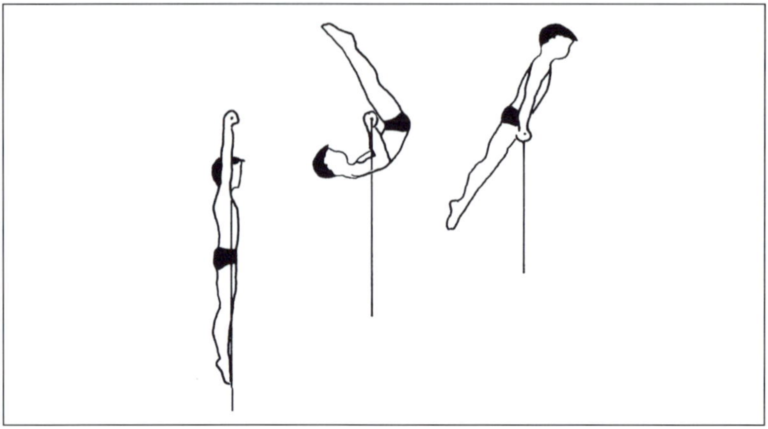

Abb. 23: Hüft-Aufzug

→ *Methodik*

Methodik

Spezielle vorbereitende Übungen

- Entwicklung der Armkraft durch Klimmzüge (im Schrägstand am Reck, Stufenbarren oder im Hang an Reck, Ringe, Stufenbarren, Sprossenwand, Klettern an Tau und Stange u.a.).
- Entwicklung der Bauchmuskulatur durch Beinheben aus der Rückenlage oder im Hang.
- Aus der gewinkelten Bauchlage mit Ristgriff auf dem Reck: Aufrichten in den Stütz vorlings (Kräftigung der Rücken-Streckmuskulatur).
- Hüft-Aufschwung.

Vorübungen

Die Ausführung mit Kammgriff kann als Erleichterung für das Heben angesehen werden; das Aufrichten in den Stütz hingegen wird schwieriger.

- Aus dem Stand am reichhohen Reck: Hüft-Aufzug mit Hilfe.
- Hüft-Aufzug mit Hilfe.

Zielübung

Aus dem Hang vorlings mit Ristgriff: Hüft-Aufzug.

Leistungssteigerung

Keine.

Helfen

→ *Helfen und Sichern*

Der Helfer steht seitlich unter dem Gerät (evt. auf einem Kasten). Die stangennahe Hand leistet Schubhilfe an der Schulter, die andere Schub- und Drehhilfe am Rücken.	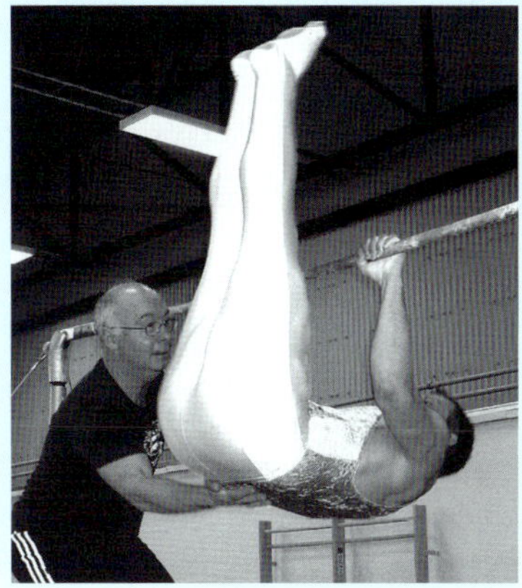

Fehlerkorrektur

→ *Fehlerkorrektur*

Fehler	Maßnahmen
Die Hüfte erreicht nicht die Reckstange, weil mit dem Heben der Beine durch Beugen der Hüftgelenke die Arme gestreckt werden.	Kräftigung der Armbeuger; Schubhilfe an der Schulter.
Die Hüfte erreicht nicht die Reckstange, weil die Beugung der Hüftgelenke zu gering ist.	Kräftigung der Bauchmuskulatur; Schub- und Drehhilfe am Gesäß / Rücken.
Keine Aufrichtung, um den Stütz zu erreichen.	Schubhilfe an der Schulter; Kräftigung der Rückenstrecker.

Hüft-Umschwung rückwärts

4.6 Hüft-Umschwung rückwärts

Technik

→ *Technik*

- Aus dem Seitstütz vorlings mit Ristgriff: Beugen der Hüft- und Ellenbogengelenke (1–2).
- Strecken der Hüft- und Ellenbogengelenke sowie Rückschwung bis mindestens in die Waagerechte bei leichter Schultervorlage (3).
- Nach Erreichen des Umkehrpunktes: Annäherung des gestreckten Körpers (Hüfte) an die Reckstange / Holm (Drehachse) bei gleichzeitiger Rückverlagerung des Oberkörpers und aktiver Verkleinerung des ARW (3–4);

- Mit Rotationsbeginn (Hüfte an der Drehachse) leichte Beugung in den Hüftgelenken, ARW bleibt geschlossen (4–5);
- Während des Aufschwingens des Oberkörpers Streckung der Hüftgelenke (Verlangsamung der Rotation) (6);
- Erreichen des Stützes mit gestrecktem Körper (7).

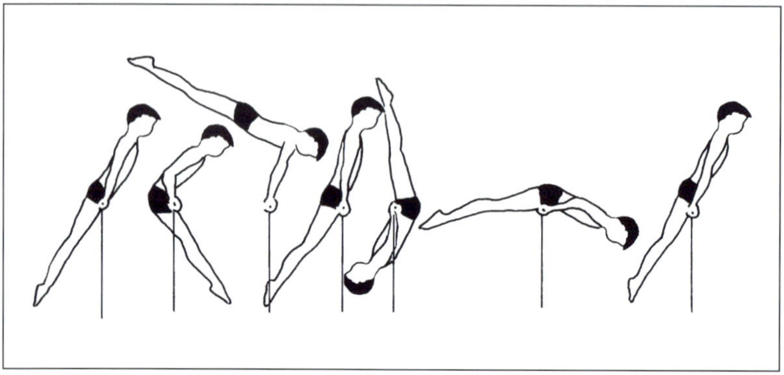

Abb. 24: Hüft-Umschwung rückwärts

Methodik

→ ***Methodik***

Die Erarbeitung erfolgt am schulter- bis kopfhohen Reck bzw. am unteren Holm des Stufenbarrens.

Spezielle vorbereitende Übungen

- Aus dem Seitstütz vorlings mit Ristgriff: hoher Rückschwung und Niedersprung ohne Grifflösen in den Stand nahe der Reckstange / Holm

Vorübungen

1. Hüft-Umschwung mit stark gebeugten Hüftgelenken und Schubhilfe am Becken sowie Drehhilfe an den Oberschenkeln
2. Hüft-Umschwung mit weniger gebeugten Hüftgelenken und reduzierter Hilfe

Zielübung

Aus dem Seitstütz vorlings mit Ristgriff: Hüft-Umschwung rückwärts

Leistungssteigerung

- Hüft-Umschwung am höher gestellten Reck bzw. am oberen Holm des Stufenbarrens
- Hüft-Umschwung in Verbindungen (z. B. mit Felgabschwung in den Hang oder Stand)

Helfen

→ *Helfen und Sichern*

Der Helfer steht seitlich vom Übenden vor der Reckstange. Die nähere Hand fasst unter der Reckstange hindurch zum Oberarm und unterstützt das Rücksenken des Oberkörpers und erteilt Drehhilfe. Die andere Hand erteilt Schubhilfe an der Unterseite des Oberschenkels und drückt das Becken gegen die Reckstange.	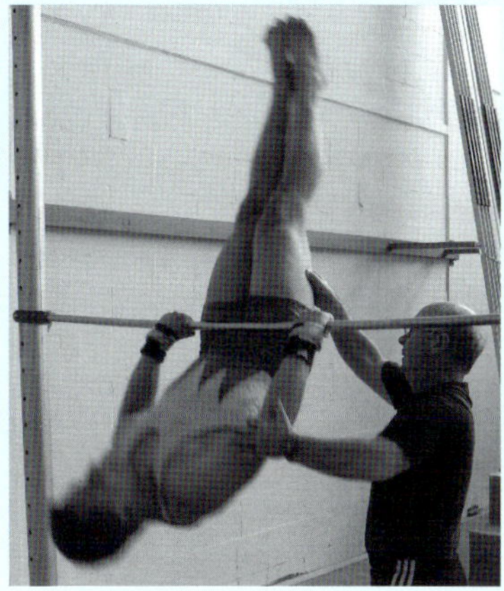

Fehlerkorrektur

→ *Fehlerkorrektur*

Fehler	Maßnahmen
Zu flacher Rückschwung	Wiederholung des Rückschwunges in den Stand
Keine Rückverlagerung des Oberkörpers bei Annäherung an die Reckstange / Holm	Schubhilfe an den Schultern
Zu geringe Hüftbeugung nach Passieren der Senkrechten unter den Griffstellen	Hinweis (Intensität der Hüftbeugung abhängig von der Höhe des Rückschwunges)

Spreiz-Umschwung vorwärts

4.7 Spreiz-Umschwung vorwärts

Technik

→ *Technik*

- Aus dem Stütz mit Kammgriff und mit gespreizten Beinen wird der Körper im Schultergürtel angehoben und das vordere Bein vor-hoch-gespreizt (hohe Ausgangslage des KSP). Die Reckstange befindet sich dicht an der Vorderseite des hinteren Oberschenkels (1);
- Die Abwärtsbewegung beginnt mit einem „großen Schritt" vorwärts. Die Arme, der Rumpf und das Hüftgelenk des hinteren Beines sind gestreckt, der Kopf ist leicht in Nackenhalte (2);

- Nach Passieren der unteren Senkrechte wird der Spreizwinkel verkleinert (Annäherung des KSP an die Drehachse) (3);
- Aufrichtung des Oberkörpers durch Druck der Arme auf die Stange und Abbremsung durch erneutes Spreizen der Beine (4–5);
- Erreichen des Stützes mit quer gegrätschten Beinen (5).

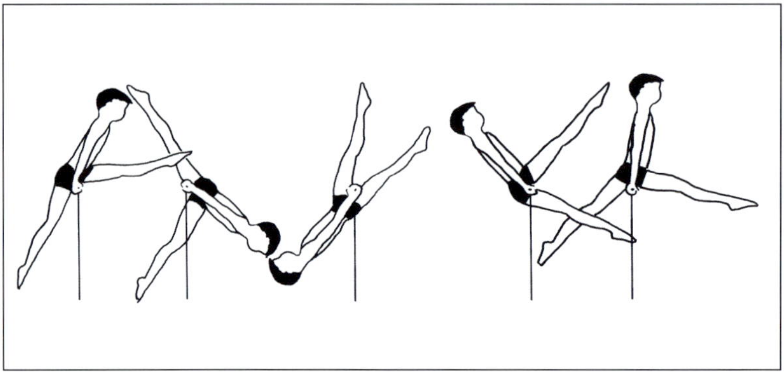

Abb. 25: Spreiz-Umschwung vorwärts

→ *Methodik*

Methodik

Die Erarbeitung erfolgt am schulter- bis kopfhohen Reck bzw. am unteren Holm des Stufenbarrens.

Spezielle vorbereitende Übungen
Hüft-Aufschwung, Knie-Aufschwung und Hüft-Umschwung rückwärts werden bereits beherrscht; Grifffestigkeit und das Halten von Körperspannung sind gewährleistet.

Vorübungen
Spreiz-Umschwung vorwärts mit Hilfe

Zielübung
Aus dem Seitstütz mit gespreizten Beinen: Spreiz-Umschwung vorwärts.

Leistungssteigerung
- Aus dem Seitstütz vorlings mit Ristgriff: Vorhocken eines Beines, Umgreifen zum Kammgriff und Spreiz-Umschwung vorwärts
- Aus dem Vorlaufen/Vorschwingen: Knie-Aufschwung vorwärts, Umgreifen zum Kammgriff, Spreiz-Umschwung vorwärts

- Aus dem Spreiz-Kippaufschwung: Umgreifen zum Kammgriff, Spreiz-Umschwung vorwärts
- Aus dem Spreiz-Kippaufschwung mit Kammgriff: Spreiz-Umschwung vorwärts
- Stufenbarren: Spreiz-Umschwung vorwärts mit Griffwechsel zum oberen Holm

Helfen

→ *Helfen und Sichern*

Der Helfer steht seitlich vor dem Übenden. Die stangennahe Hand erfasst unter der Reckstange hindurch den Oberschenkel und erteilt Drehhilfe. Die andere Hand erteilt Drehhilfe am Oberarm.
In der Aufwärtsbewegung leistet die stangennahe Hand Schubhilfe am Becken.
(Sturzgefahr beim Rückfallen!)

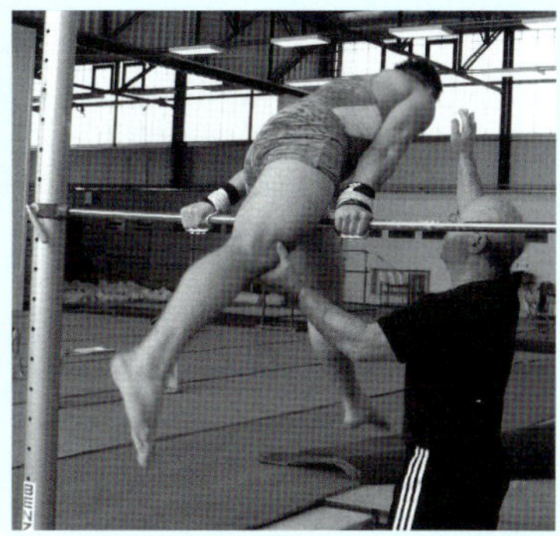

Fehlerkorrektur

→ *Fehlerkorrektur*

Fehler	Maßnahmen
Mit Beginn der Abwärtsbewegung wird der Kopf auf die Brust genommen, runder Rücken	Hinweis: Kopf in den Nacken, Schultern zurück, großer Schritt nach vorn, Helfer unterstützt am vorderen Bein
Mit Beginn der Abwärtsbewegung wird bereits der Spreizwinkel verringert	Hinweis
Starkes Beugen der Hüftgelenke nach Passieren der unteren Senkrechte	Körperspannung beibehalten, Schubhilfe am Becken
Überdrehen der Bewegung	Spreizwinkel vergrößern Kopf im Nacken, Helfer bremst am Oberarm und am vorderen Bein

4.8 *Hüft-Umschwung vorwärts*

Hüft-Umschwung vorwärts Technik

→ *Technik*

- Ausgangsstellung ist der Seitstütz vorlings mit Ristgriff (1);
- Der Übende hebt sich mit gestrecktem Körper so weit aus, bis die Leistenbeuge die Reckstange berührt;
- Es erfolgt die Drehung vorwärts, bei der der Körper bis zum Passieren der Horizontalen gestreckt bleibt (2);
- Danach werden die Hüftgelenke schnell gebeugt, und der Kopf wird nach vorn geneigt. Die Reckstange muss in der Leistenbeuge bleiben; der Griff ist relativ locker, um die Aufwärtsdrehung des Körpers zu ermöglichen (3,4);
- Erreichen des Stützes mit gestrecktem Körper (5).

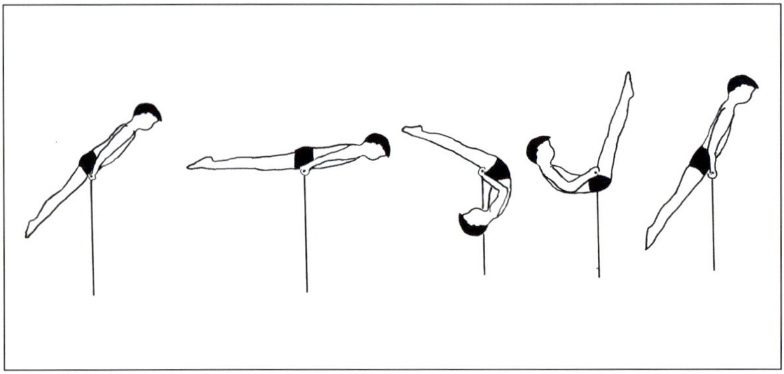

Abb. 26: Hüft-Umschwung vorwärts

Methodik

→ ***Methodik***

Spezielle vorbereitende Übungen
Spreiz-Umschwung vorwärts.

Vorübungen
Hüft-Umschwung vorwärts mit Hilfe.

Zielübung
Aus dem Seitstütz vorlings mit Ristgriff: Hüft-Umschwung vorwärts.

Leistungssteigerung
Hüft-Umschwung vorwärts in Verbindungen:

- Kippaufschwung, Hüft-Umschwung vorwärts.
- Hüft-Umschwung vorwärts, Hocke.

Helfen

→ *Helfen und Sichern*

Der Helfer steht vor dem Gerät und erteilt mit der einen Hand Drehhilfe am Rücken und mit der anderen Schubhilfe am Oberschenkel.	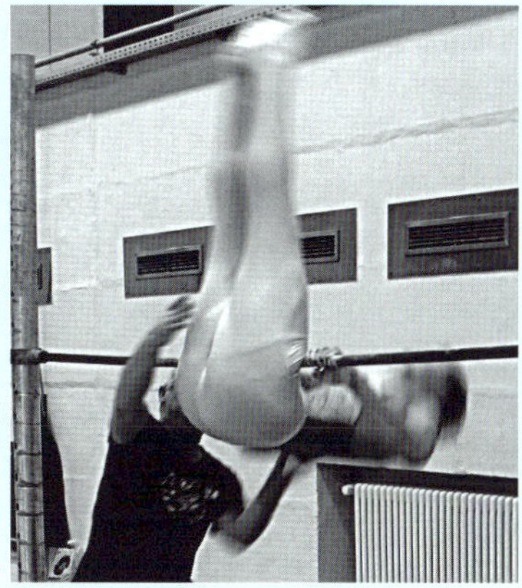

Fehlerkorrektur

→ *Fehlerkorrektur*

Fehler	Maßnahmen
Das Beugen beginnt zu früh.	Hinweis auf das längere Beibehalten einer übertrieben gestreckten Körperhaltung.
Die Hüftgelenke verlassen die Stange.	Enger Beugen, Hilfe.
Stütz wird nicht erreicht.	Umsetzen der Hände (Griff lockern).

Felgabschwung vorlings

4.9 Felgabschwung vorlings

In der Schule wird der Felgabschwung vorlings als ein Zielelement aus dem Stand gelehrt, und für viele Schülerinnen und Schüler ist damit das Leistungsziel erreicht. Auch in den Aufgabenbüchern des Deutschen Turner-Bundes (Gerätturnen männlich und weiblich, Ausgabe 2008) wird der Felgabschwung in den Pflichtübungs-Leistungsstufen P 3 und 4 als Abgang nach einem Niedersprung verlangt, also aus dem Seitstand vorlings. Unter strukturellen und methodensystematischen Gesichtspunkten ist aber die methodische Arbeit erst bei seiner Ausführung aus dem Stütz abgeschlossen, da der Felgabschwung mit Abdruck von den Beinen als eine Erleichterungsbedingung anzusehen ist (vgl. Kap. 1.3). Auch im Wettkampf kann er (mit Ausnahme vom unteren Holm am Stufenbarren) nicht geturnt werden,

weil das Gerät zunächst verlassen werden muss. Insofern ist die Ausführung des Felgabschwunges aus dem Stand als Vorübung anzusehen. Im Hinblick auf seine fundamentale Bedeutung für alle Felgbewegungen werden Bildreihe und Technikbeschreibung dargestellt.
Der Felgabschwung wird auch als Felgabschwung aus dem Hang in den Hang („Schwungholen“) ausgeführt. Das ist für die Einleitung von Kipp-, Felg- und Stemmbewegungen am Hochreck erforderlich. Hier wird die Technik nach dem Absprung in den Vorschwung mit zwischenzeitlichem Beugen der Arme beschrieben. Das Schwungholen kann auch aus dem Konterschwung begonnen werden. Diese Ausführung ist jedoch schwieriger und erfordert besser ausgebildete konditionelle und koordinative Fähigkeiten.

4.9.1 Aus dem Seitstand vorlings: Felgabschwung vorlings in den Seitstand rücklings

Aus dem Stand: Felgabschwung in den Stand

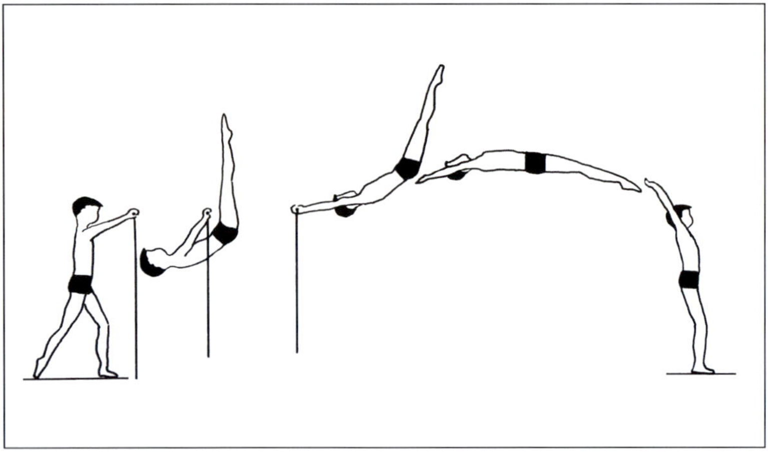

Abb. 27: Aus dem Stand: Felgabschwung vorlings

→ *Technik*

Technik

- Schrittstellung im Seitstand vorlings mit Ristgriff und gestreckten Armen (1).
- Mit dem Vorhochschwingen des Schwungbeines erfolgt ein kräftiger Abdruck des Standbeines. Die Hüftgelenke werden schnell gebeugt und der Arm-Rumpf Winkel wird verkleinert. Die Beine werden schnell geschlossen (2).
- Dem Beugen folgt ein schnellkräftiges Strecken der Hüftgelenke verbunden mit dem Öffnen des Arm-Rumpf Winkels (3).

- Durch Druck gegen die Reckstange wird der Griff gelöst und der Körper geht in die Flugphase über. In der Flugphase ist der Körper überstreckt und der Kopf in leichter Nackenhalte (4).
- Die Landung erfolgt im Seitstand rücklings, die Arme sind in Hochhalte (5).

Aus dem Stütz: Felgabschwung in den Stand

4.9.2 Aus dem Stütz: Felgabschwung vorlings in den Seitstand rücklings

Technik

➜ ***Technik***

- Aus dem Seitstütz vorlings mit Ristgriff: Beugen der Hüft- und Ellenbogengelenke (Schwung holen).
- Rückschwung durch Strecken der Hüft- und Ellenbogengelenke bis in die Waagerechte bei leichter Schultervorlage (1).
- Nach Erreichen des Umkehrpunktes: Annäherung des leicht gebeugten Körpers (Hüfte) an die Reckstange bei gleichzeitiger Rückverlagerung des Oberkörpers und aktiver Verkleinerung des Arm-Rumpf-Winkels und des Bein-Rumpf-Winkels. Der Körper wird beim Heranschwingen an die Reckstange bis in Höhe der Oberschenkel gesenkt (2–3).
- Dem Beugen folgt ein schellkräftiges Strecken der Hüftgelenke verbunden mit einem Öffnen des Arm-Rumpf-Winkels (4).
- Durch Druck gegen die Reckstange wird der Griff gelöst, und der Körper geht in die Flugphase über. In der Flugphase ist der Körper überstreckt und der Kopf in leichter Nackenhalte (5).
- Die Landung erfolgt im Seitstand rücklings, die Arme sind in Hochhalte (6).

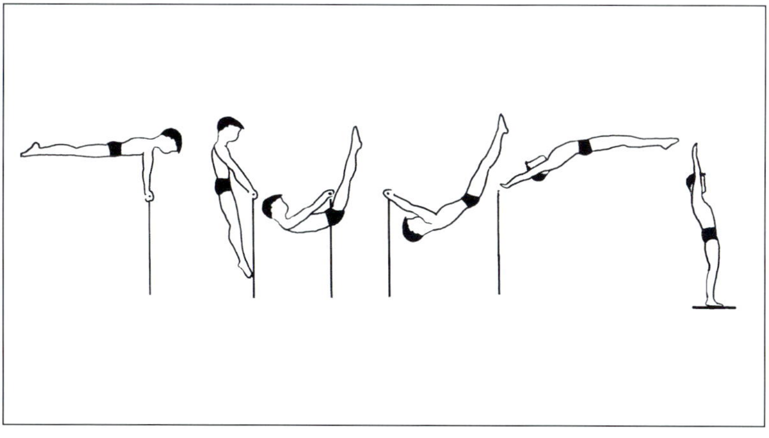

Abb. 28: Felgabschwung vorlings

→ *Methodik* **Methodik**

Die Erarbeitung des Felgabschwungs aus dem Stand erfolgt am kopfhohen Reck bzw. am unteren Holm des Stufenbarrens.

Spezielle vorbereitende Übungen
- Boden: Aus dem Strecksitz, Rückrollen und Aufstrecken der Hüftgelenke in den flüchtigen Nackenstand.
- Tau: Überschwingen eines seit gestellten Kastens.

Vorübungen
1. Aus dem Seitstand vorlings: Felgabschwung mit Spreizen der Beine.
2. Aus dem Seitstand vorlings: Felgabschwung über ein hüfthoch gehaltenes Sprungseil oder einen Turnstab mit Hilfe (Abstand zur Reckstange etwa 0,60–0,80 m).
3. Die gleiche Vorübung mit Steigerung der Höhe (bis Stangenhöhe), Hilfe.
4. Aus dem Seitstand vorlings: Felgabschwung in den Seitstand rücklings mit Hilfe.

Zielübung
Aus dem Seitstütz vorlings: Felgabschwung in den Seitstand rücklings.

Leistungssteigerung
Stützreck:
- Aus dem Seitstütz vorlings: Felgabschwung mit ½ Drehung in den Seitstand vorlings.

Hochreck:
- Aus dem Seitstütz vorlings: Felgabschwung in den Seitstand rücklings.
- Aus dem Seitstütz vorlings: Felgabschwung mit ½ Drehung in den Seitstand vorlings.
- Aus dem Seitstütz vorlings: Felgabschwung in den Hang (auch mit Drehung).
- Aus dem Seitstütz vorlings: Felgabschwung mit ½ Drehung in den Hang.
- Aus dem Hang: Felgabschwung in den Hang („Schwungholen“).

Helfen

→ *Helfen und Sichern*

<table>
<tr>
<td>Der Helfer steht seitlich vor dem Übenden. Die stangennahe Hand erfasst unter der Reckstange hindurch die Schulter und erteilt Dreh-Schubhilfe. Die andere Hand erteilt Schubhilfe an der Rückseite des Oberschenkels.</td>
<td>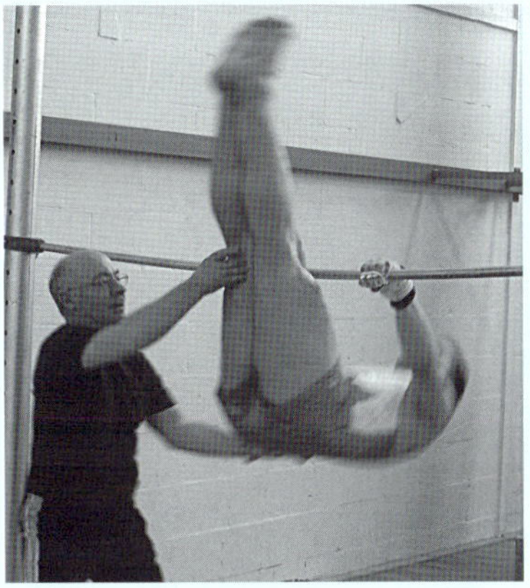</td>
</tr>
</table>

Fehlerkorrektur

→ *Fehlerkorrektur*

Fehler	Maßnahmen
Aus dem Stand: Flugphase zu flach.	Ausgangsposition korrigieren: (Standbein hinter der Gerätsenkrechten, Arme leicht gebeugt), Schwungbeineinsatz verstärken; Hüft- und Arm-Rumpf-Winkel stärker verkleinern.
Aus dem Stütz: Hüfte beim Rücksenken der Schultern zu dicht an der Stange Flugphase zu flach.	Hinweis, Hilfe.
Hüfte in der Senkrechten zu tief.	Nach dem Abdruck vom Standbein bzw. aus dem Stütz: Arm-Rumpf-Winkel schneller schließen.
Flugphase zu steil, gebeugte Ellenbogengelenke (Gefahr, dass der Kopf die Reckstange berührt).	Hinweis, auf gestreckte Arme, Richtung der Beinstreckung korrigieren (früheres Strecken des BRW), Hilfe.

4.9.3 *Aus dem Hang: Felgabschwung vorlings in den Hang („Schwungholen")*

Aus dem Hang: Felgabschwung in den Hang

➜ *Technik*

Technik

- Aus dem Stand vorlings erfolgt der Sprung in den Hang mit Ristgriff (1, 2).
- Vorschwung mit geringer Schwingungsweite und leichtem Beugen der Hüftgelenke (3).
- Während des Rückschwunges werden die Arme gebeugt (4).
- Mit dem erneuten Vorschwung erfolgt das schnelle Beugen der Hüftgelenke und die sofort nachfolgende Streckung (Felgbewegung) (5).
- Während der Öffnung des BRW drücken die Arme gegen die Reckstange, der ARW wird gestreckt und der Körper entfernt sich zum Abschwung von der Reckstange.

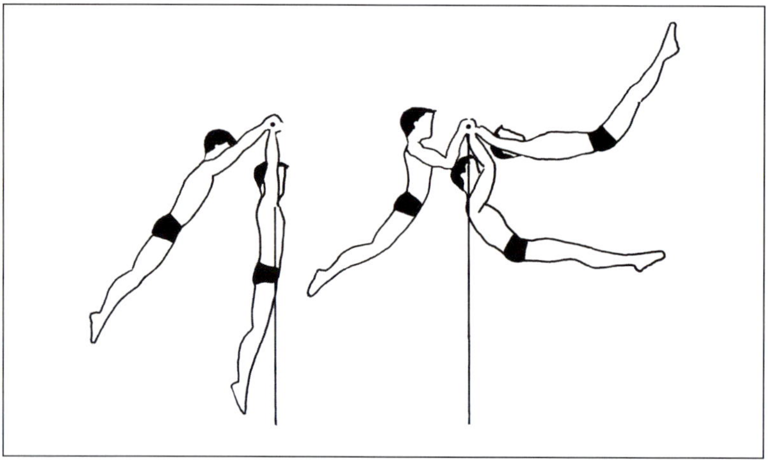

Abb. 29: Aus dem Hang: Felgabschwung in den Hang („Schwungholen")

➜ *Methodik*

Methodik

Spezielle vorbereitende Übungen

- Aus dem Stand: Felgabschwung in den Stand.
- Aus dem Stütz: Felgabschwung in den Stand.
- Aus dem Stütz: Felgabschwung in den Hang.

Vorübungen

1. Aus dem Hang: Felgabschwung in den Stand mit Hilfe.
2. Aus dem Hang: Felgabschwung in den Hang mit Hilfe.

Zielübung
Aus dem Hang: Felgabschwung vorlings in den Hang.

Leistungssteigerung
- Aus dem Hang: Felgabschwung mit ½ Drehung in den Hang.
- Aus dem Hang: Felgabschwung in den Hang mit Griffwechsel in den Kamm- oder Ellgriff.

Helfen

→ ***Helfen und Sichern***

Der Helfer steht seitlich vom Übenden unter dem Gerät. Es wird Schubhilfe am Rücken und an einer Schulter erteilt.	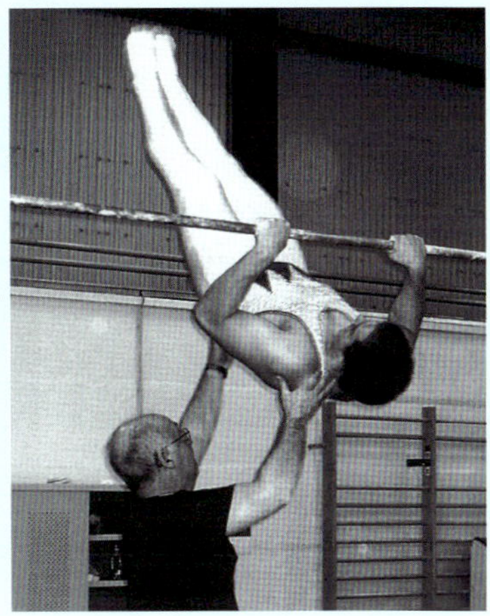

Fehlerkorrektur

→ ***Fehlerkorrektur***

Fehler	Maßnahmen
Vorschwung zu gering ausgeprägt.	Standentfernung zur Recksenkrechten vor dem Abstand vergrößern.
Armbeugung am Ende des Rückschwunges zu gering.	Schnellkraftentwicklung der Armbeuger. Früheres Beugen der Arme.
Felgabschwung zu flach.	Schnelleres und stärkeres Beugen des BRW während des Vorschwunges mit gebeugten Armen.
Kein ausreichender Vorschwung, Schultern bleiben zu dicht unterhalb der Reckstange.	Schnelles Öffnen von ARW und BRW im Vorschwung mit gebeugten Armen, zügiges Strecken der Ellbogengelenke und Druck gegen die Reckstange.

4.10 Dreh-Hocke

Dreh-Hocke

Es wird die Ausführung nach rechts beschrieben.

→ *Technik*

Technik

- Aus dem Seitstütz vorlings mit Ristgriff oder Zwiegriff:[3] Beugen der Hüft- und Ellenbogengelenke (1).
- Strecken der Hüft- und Ellenbogengelenke sowie Rückschwung bis mindestens in die Waagerechte bei leichter Schultervorlage.
- Am Ende des Rückschwunges drückt der linke Arm kräftig von der Reckstange ab, das Körpergewicht wird auf den rechten Arm verlagert und gleichzeitig werden Hüft- und Kniegelenke gebeugt (Hocken) (2).
- Der Körper führt eine ¼ Drehung nach rechts aus, und auch der Kopf wird nach rechts gedreht. Der Stützarm bleibt gestreckt, und die Hüfte ist beim Überqueren der Stange mindestens in Schulterhöhe (3).
- Nach Überqueren der Reckstange wird der Körper gestreckt.
- Die Landung erfolgt im Querstand rechts seitlings (4–5).

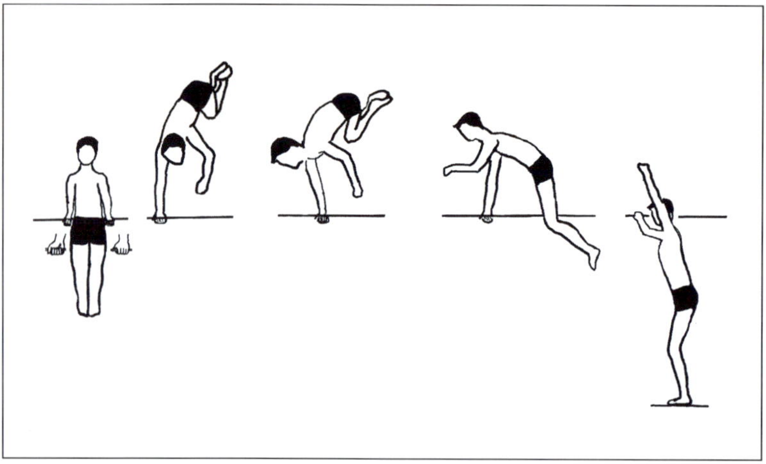

Abb. 30: Dreh-Hocke rechts

3 Die Dreh-Hocke kann auch mit Zwiegriff geturnt werden. Das wird für das Erlernen im Sinne einer Erleichterung empfohlen. Bei der Ausführung rechts erfasst die rechte Hand die Reckstange im Kammgriff, die linke im Ristgriff (vgl. Abbildung x-Reck). Der Vorteil des Zwiegriffs ist es, dass der Griff der rechten Hand an der Reckstange bis zum Erreichen des Standes beibehalten werden kann. Die Dreh-Sprunghocke über den oberen Holm am Stufenbarren wird hingegen immer mit Zwiegriff geturnt (vgl. Kap. 5.9).

Methodik

➜ *Methodik*

Die Erarbeitung erfolgt am schulter- bis kopfhohen Reck bzw. am unteren Holm des Stufenbarrens.

Spezielle vorbereitende Übungen

- Aus dem Seitsitz rechts Vorspreizen mit ¼ Drehung in den Querstand rechts seitlings.
- Dreh-Sprunghocke über verschiedene Hindernisse (Turnbank, Kasten, hüfthohes Reck) mit und ohne Absprunghilfe.

Vorübungen

1. Aus dem Seitstütz vorlings mit Zwiegriff: Dreh-Hocke mit Hilfe.
2. Aus dem Seitstütz vorlings mit Ristgriff: Dreh-Hocke mit Hilfe.

Zielübung

Aus dem Seitstütz vorlings mit Ristgriff: Dreh-Hocke in den Querstand seitlings.

Leistungssteigerung

- Hochreck: Dreh-Hocke.
- Reck: Dreh-Hocke mit weiterer ½ Drehung.
- Stufenbarren: Dreh-Hocke am Stufenbarren.
- Barren: Dreh-Hocke.

Helfen

➜ *Helfen und Sichern*

Der Helfer steht seitlich vor dem Übenden und erfasst mit der rechten Hand den rechten Oberarm mit halbem Klammergriff und leistet Zughilfe. Die linke Hand kann die Drehung durch Schubhilfe am Becken unterstützen.

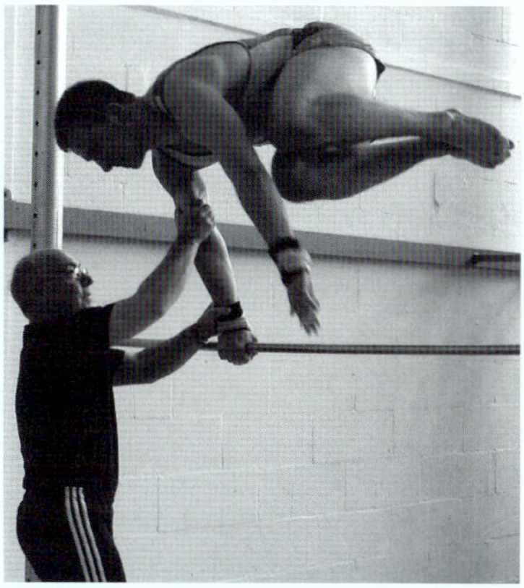

→ *Fehlerkorrektur*

Fehlerkorrektur

Fehler	Maßnahmen
Rückschwung zu flach.	Hinweis, Schubhilfe am Oberschenkel.
Drehung unvollständig, weil der Abdruck der linken Hand zu gering ist und keine ausreichende Verlagerung auf den Stützarm erfolgt.	Zug- und Schubhilfe verstärken, Zuruf.

4.11 Hocke

Hocke

→ *Technik*

Technik

- Aus dem Seitstütz vorlings mit Ristgriff: Beugen der Hüft- und Ellenbogengelenke (1).
- Strecken der Hüft- und Ellenbogengelenke sowie Rückschwung bis mindestens in die Waagerechte bei leichter Schultervorlage (1, gestrichelte Figur).
- Am Ende des Rückschwunges werden die Beine gehockt und es erfolgt ein schnellkräftiger Abdruck von der Reckstange durch die Verkleinerung des ARW (2).
- Durch den Abdruck kommt es zur Aufrichtung des Körpers in der Flugphase. Die Arme schwingen über die Rück- in die Hochhalte, Knie- und Hüftgelenke werden gestreckt (3–4).
- Die Landung erfolgt im Seitstand rücklings (5).

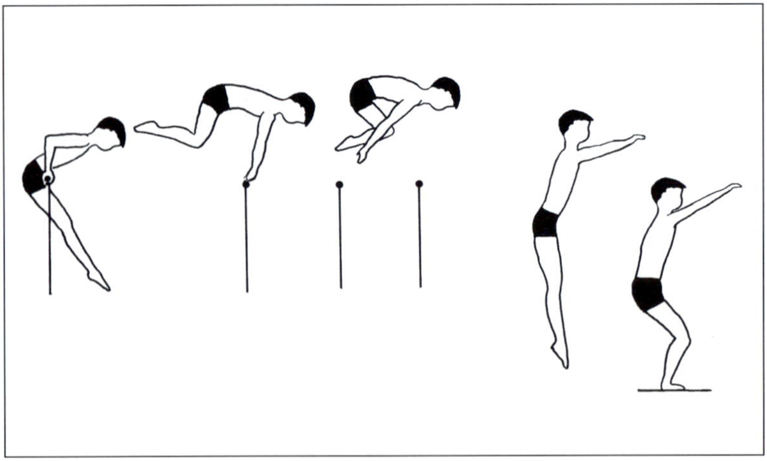

Abb. 31: Hocke

Methodik

→ *Methodik*

Die Erarbeitung erfolgt am schulter- bis kopfhohen Reck bzw. am unteren Holm des Stufenbarrens.

Spezielle vorbereitende Übungen
- Sprunggerät: Sprunghocke.
- Reck: Dreh-Hocke.
- Stufenbarren: Aus dem Stand auf dem unteren Holm, Dreh-Sprunghocke.

Vorübungen
1. Aus dem Seitstütz vorlings mit Ristgriff : Hocke mit Hilfe (anfangs zwei Helfer oder drei, sofern der Rückschwung der Beine unterstützt werden muss).
2. Aus dem Seitstütz vorlings mit Ristgriff: Hocke mit kontinuierlichem Abbau der Hilfe.

Zielübung

Aus dem Seitstütz vorlings mit Ristgriff: Hocke.

Leistungssteigerung
- Hochreck / Stufenbarren: Hocke.
- Hüft-Umschwung rückwärts, Hocke.
- Hüft-Umschwung vorwärts, Hocke.

Helfen

→ *Helfen und Sichern*

Der Helfer steht seitlich vor dem Übenden und erteilt Zughilfe mit Stützgriff. Durch Schubhilfe wird die Aufrichtung in der Flugphase unterstützt.	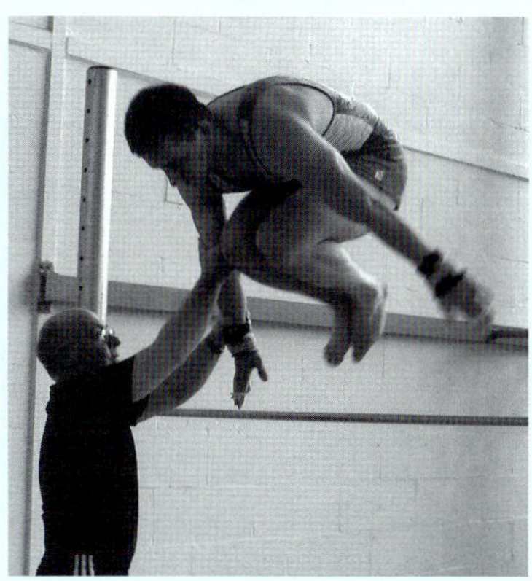

→ *Fehlerkorrektur*

Fehlerkorrektur

Fehler	Maßnahmen
Rückschwung zu flach.	Hinweis, Schubhilfe am Oberschenkel durch einen zweiten Helfer.
Zu geringe Schultervorlage bei Hockbeginn.	Hinweis Zughilfe am Oberarm.
Unzureichende Aufrichtung in der Flugphase.	Schultervorlage verringern; schnelleres Hocken; Abdruck intensivieren durch schnellere Verkleinerung des ARW; Schubhilfe.
In der Flugphase wird der BRW nicht gestreckt.	Hinweis.

4.12 Grätsche

Grätsche

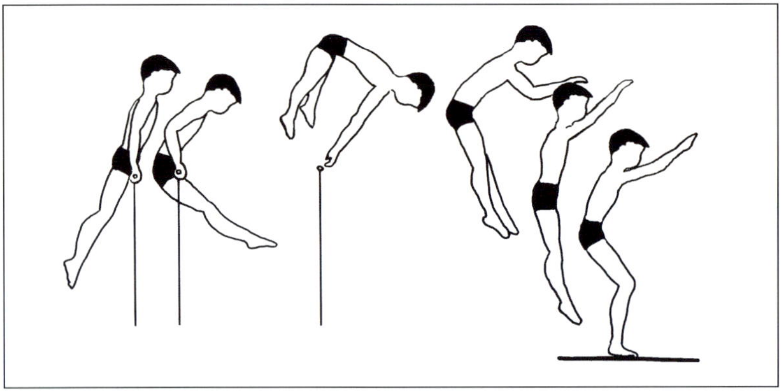

Abb. 32: Grätsche

→ *Technik*

Technik

- Aus dem Seitstütz vorlings mit Ristgriff (1): Beugen der Hüft- und Ellenbogengelenke (2).
- Strecken der Hüft- und Ellenbogengelenke sowie Rückschwung bis mindestens in die Waagerechte bei leichter Schultervorlage.
- Am Ende des Rückschwunges werden die Hüftgelenke gebeugt und die Beine gegrätscht; es erfolgt ein schnellkräftiger Abdruck der Hände von der Reckstange durch die Verkleinerung des ARW (3).
- Durch den Abdruck kommt es zur Aufrichtung des Körpers in der Flugphase. Die Arme schwingen rückwärts-seitwärts in die Hoch-

halte, die Beine werden geschlossen und der BRW wird gestreckt (4-5).
– Die Landung erfolgt im Seitstand rücklings (6).

Methodik

→ *Methodik*

Die Erarbeitung erfolgt am schulter- bis kopfhohen Reck bzw. am unteren Holm des Stufenbarrens.

Spezielle vorbereitende Übungen
- Sprunggerät: Sprunggrätsche.
- Reck: Hocke.

Vorübungen
Aus dem Seitstütz vorlings mit Ristgriff: Grätsche mit Hilfe.

Zielübung
Aus dem Seitstütz vorlings mit Ristgriff: Grätsche.

Leistungssteigerung
- Hochreck / Stufenbarren: Grätsche.
- Hüft-Umschwung rückwärts, Grätsche.
- Hüft-Umschwung vorwärts, Grätsche.

Helfen

→ *Helfen und Sichern*

Der Helfer steht im Seitstand vorlings vor dem Übenden und erfasst mit dem Abdruck vom Reck die Oberarme mit halbem Klammergriff. Es wird Zughilfe erteilt und dann die Aufrichtung des Körpers durch Schubhilfe unterstützt.	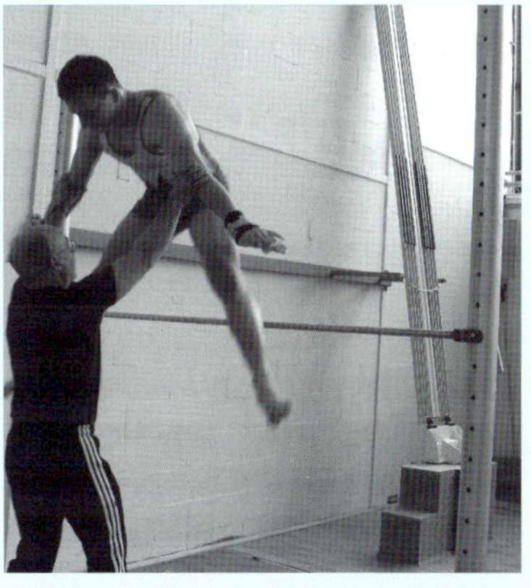

→ *Fehlerkorrektur*

Fehlerkorrektur

Fehler	Maßnahmen
Rückschwung zu flach.	Hinweis, Schubhilfe an den Oberschenkeln durch einen zweiten Helfer.
Zu geringe Schultervorlage zu Grätschbeginn.	Hinweis Zughilfe.
Unzureichende Aufrichtung in der Flugphase.	Schultervorlage verringern, schnellere Hüftbeugung während des Grätschens, Abdruck intensivieren durch schnellere Verkleinerung des ARW.
In der Flugphase werden die Beine zu spät geschlossen und / oder der BRW nicht gestreckt.	Hinweis.

4.13 Spreiz-Kippaufschwung

Spreiz-Kippaufschwung

Der Spreiz-Kippaufschwung wird am Stützreck eingeführt. Zunächst wird er aus dem Vorlaufen, später aus dem Vorschwung geturnt. Aber erst wenn der Spreiz-Kippaufschwung am Hochreck ausgeführt wird, ist im Männerturnen das Ziel der methodischen Reihe, d. h. die Zielübung, erreicht. Für das Frauenturnen trifft diese Einschränkung nicht zu. Aus diesem Grunde und auch, weil diese Übung eine besondere Bedeutung für das Gerätturnen in der Schule sowie für das Kinderturnen hat, beschreiben wir die Ausführung am Stützreck.

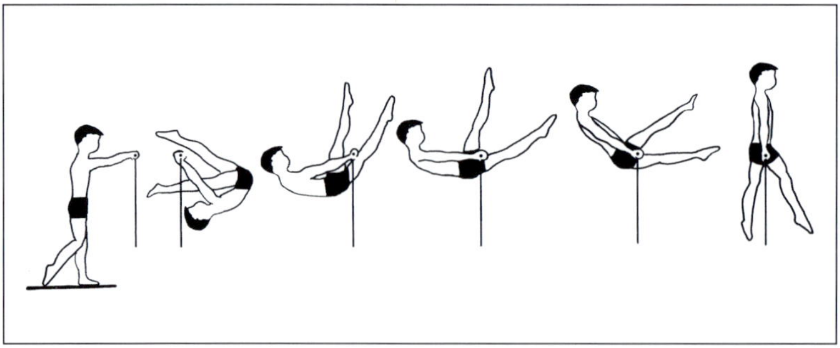

Abb. 33: Spreiz-Kippaufschwung

Technik

➔ *Technik*

- Aus dem Seitstand vorlings mit Ristgriff und gestreckten Armen sowie zurückgesetztem Schwungbein, (1) erfolgt das Vorlaufen/der Vorschwung bis zur Streckung der Hüft- und Schultergelenke.
- Abdruck vom Boden und Vorbücken eines Beines in den Kipphang mit gespreizten Beinen (2).
- Nach dem Passieren der Senkrechten unterhalb der Reckstange werden die Hüftgelenke gestreckt und es erfolgt die Verkleinerung des Arm-Rumpf-Winkels (3-5).
- Abbremsung der Hüftstreckung und Erreichen des Stützes mit gespreizten Beinen (6).

Methodik

➔ *Methodik*

Die Erarbeitung erfolgt am kopfhohen Reck bzw. am unteren Holm des Stufenbarrens.

Spezielle vorbereitende Übungen

- Übungen zur Verbesserung der Spreizfähigkeit und Beweglichkeit in den Hüftgelenken (z. B.: Vor- und Rückbücken im Sitz mit einem und beiden Beinen über einen Gymnastikstab, Rumpfbeugen im Stand oder Winkelsitz, Heben der Beine in den Kipphang am Reck oder an der Sprossenwand).

Vorübungen

1. Üben des Vorlaufens.
2. Spreiz-Kippaufschwung mit Hilfe.

Zielübung

Aus dem Seitstand vorlings mit Ristgriff (Schrittstellung):
Spreiz-Kippaufschwung.

Leistungssteigerung

- Aus dem Stütz mit quer gegrätschten Beinen: Abschwung: Spreiz-Kippaufschwung.
  Aus dem Stütz vorlings: Abschwung in den Kipphang, Spreiz-Kippaufschwung.
- Hochreck: Aus dem Vorschwung: Spreiz-Kippaufschwung.
- Stufenbarren: Spreiz-Kippaufschwung mit Griffwechsel zum oberen Holm.

→ *Helfen und Sichern*

Helfen

Der Helfer steht seitlich vom Übenden. Die Hände leisten Dreh- und Schubhilfe am Rücken und am hinteren Bein.	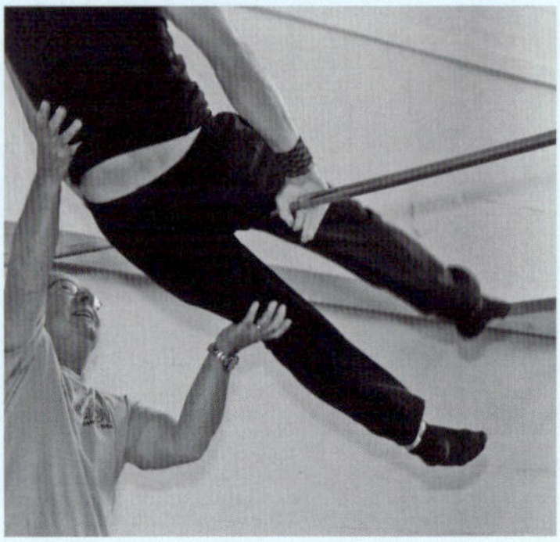

→ *Fehlerkorrektur*

Fehlerkorrektur

Fehler	Maßnahmen
Beugen der Arme beim Vorlaufen; Schrittfolge fehlerhaft.	Hinweis ersten Schritt ausführen mit dem Bein, das vorbückt.
Bein bleibt beim Vorspreizen an der Stange hängen oder / und wird gebeugt.	Verbesserung der Beweglichkeit; Bewegungsführende Hilfe beim Vorlaufen und Vorspreizen durch Schubhilfe am Rücken.
Becken nähert sich nach dem Vorbücken zu wenig der Reckstange; Turner fällt zurück in den Hang.	Hinweis auf Hüftstreckung des vorderen Beines (Kippbewegung) und Unterstützung durch Schubhilfe am Rücken.

4.14 Kippaufschwung vorlings vorwärts

Kippaufschwung vorlings vorwärts

→ *Technik*

Technik

Die Technikbeschreibung bezieht sich auf die Ausführung am Stützreck bzw. am unteren Holm des Stufenbarrens.

- Aus dem Seitstand vorlings im Abstand von ca. einem Meter vor der Griffstelle (Arme in Tiefrückhalte): Absprung mit gleichzeitigem Vorhochschwingen der Arme in den Hang mit Ristgriff.
- Beim Erfassen der Reckstange bzw. des Holmes sind die Arme gestreckt und die Hüftgelenke stark gebeugt. Die Füße sind beim Vorschwung dicht über dem Boden (1).

- Kurz vor Erreichen des Umkehrpunktes des Vorschwunges erfolgt die schnelle Streckung der Hüftgelenke (2).
- Sofortiges schnelles Beugen der Hüftgelenke (Füße sind dicht an der Reckstange / dem Holm) (3).
- Im Rückschwung werden bei gleichzeitiger Verringerung des ARW (Druck auf die Griffstellen) die Hüftgelenke mit dem Passieren der Vertikalen schnellkräftig gestreckt („Kippstoß") (4–5).
- Mit dem Strecken der Hüftgelenke bewegen sich die Füße vor-hoch und dann abwärts. Die Hüfte wird bei gleichzeitigem Druck der Arme auf die Griffstellen an die Reckstange / den Holm angenähert (5–6).
- Erreichen des Seitstützes vorlings (7).

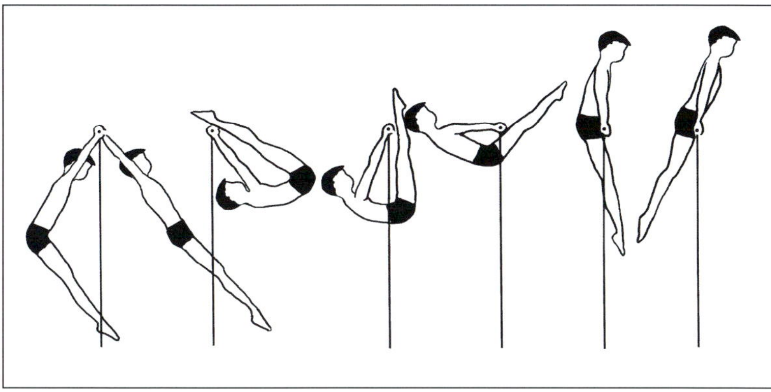

Abb. 34: Kippaufschwung vorlings vorwärts

Methodik

→ *Methodik*

Die Erarbeitung erfolgt am kopfhohen Reck bzw. am unteren Holm des Stufenbarrens.

Bei noch nicht ausreichend entwickelter Bauchmuskulatur sollte mit dem Kippaufschwung aus dem Vorlaufen begonnen werden.

Spezielle vorbereitende Übungen

- Kräftigung der Bauch- und Armmuskulatur.
- Aus dem Seitstand vorlings: Vor- und Rücklaufen mit gestreckten Armen.
- Vor- und Rückschwingen mit gebeugten Hüftgelenken (am Stufenbarren mit gegrätschten Beinen).

Vorübungen

1. Aus dem Seitstand vorlings: Vorschwung mit gebeugten Hüftgelenken, Strecken der Hüftgelenke und Auftippen der Füße im Umkehrpunkt.

2. Aus dem Seitstand vorlings: Vorschwung mit gebeugten Hüftgelenken; im Umkehrpunkt: Strecken der Hüftgelenke und Auftippen der Füße, Kippaufschwung mit Hilfe.

Zielübung
Stützreck: Aus dem Seitstand vorlings, Vorschwung, Kippaufschwung vorlings vorwärts.
Hochreck: Der Kippaufschwung beginnt mit einem „Schwungholen“, d. h. einem Felgabschwung aus dem Hang in den Hang (s. Kap. 4.9.3).

Leistungssteigerung
- Aus dem Stand bzw. Hang mit Kamm- oder Zwiegriff: Kippaufschwung vorwärts in den Seitstütz.
- Aus dem Stütz: Senken rückwärts in den Kipphang vorlings, Kippaufschwung vorwärts in den Seitstütz.

Barren:
- Aus dem Außenquerstand vorlings bzw. Innenquerstand: Kippaufschwung vorwärts in den Querstütz.

Stufenbarren:
- Aus dem Liegehang rücklings: Kippaufschwung vorwärts in den Seitstütz.
- Kippaufschwung vorwärts mit Griffwechsel zum oberen Holm.

→ *Helfen und Sichern*

Helfen

Der Helfer steht seitlich vom Übenden und erfasst mit der entfernten Hand (in Bezug zur Reckstange) die aufschwingenden Beine von unten am Oberschenkel und führt sie zur Reckstange (Schubhilfe). Gleichzeitig unterstützt die andere Hand die Aufwärtsverlagerung des Körpers durch Schubhilfe am Rücken.	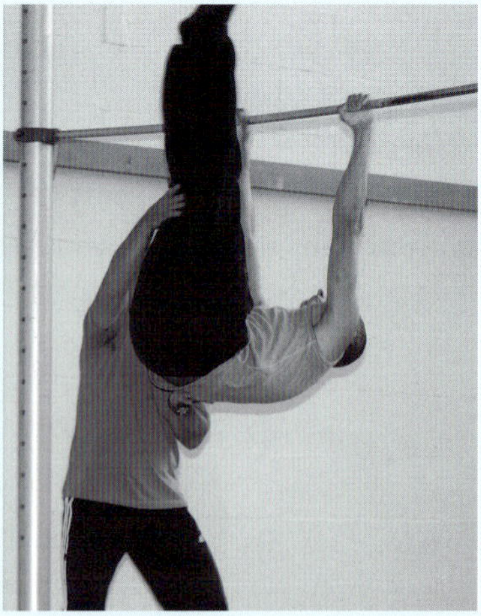

Fehlerkorrektur

➜ *Fehlerkorrektur*

Fehler	Maßnahmen
Streckung der Hüftgelenke (Kippstoß) erfolgt zu zeitig.	Unterstützung der Bewegung durch Helfer und zeitliche Kennzeichnung des Streckbeginns durch Zuruf.
Beugen der Arme während der Hüftstreckung.	Hinweis, Ausführung mit Hilfe.
Mit dem Strecken der Hüftgelenke bewegen sich die Füße nicht vor-hoch, und es erfolgt keine Annäherung der Hüften.	Schubhilfe an den Unterschenkeln (Richtung) und am Rücken (Annäherung) verstärken, Sichtpunkt angeben.

Kippaufschwung rücklings vorwärts

4.15 Kippaufschwung rücklings vorwärts

Technik

➜ *Technik*

- Aus dem Seitstand vorlings erfolgt der Sprung an das Gerät (oder das Vorlaufen) mit Ristgriff, gebeugten Hüftgelenken und gestreckten Armen (1–2).
- Vorschwingen bis zur Streckung der Hüft- und Schultergelenke (3);
- Am Ende des Vorschwunges erfolgt das Vorbücken in den Kipphang (4).
- Nach dem Passieren der Senkrechten unterhalb der Reckstange werden die Hüftgelenke gestreckt, und es erfolgt die Verkleinerung des Arm-Rumpf-Winkels (5, 6).
- Abbremsen der Hüftstreckung und Erreichen des Stützes rücklings (7).

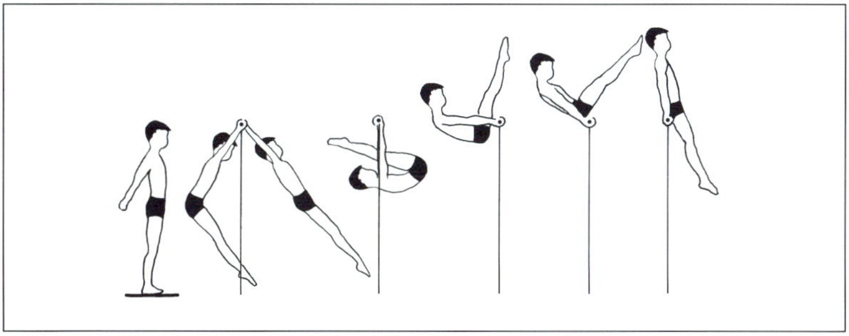

Abb. 35: Kippaufschwung rücklings vorwärts

Methodik

➜ *Methodik*

Die Erarbeitung erfolgt am kopfhohen Reck bzw. am unteren Holm des Stufenbarrens.

Spezielle vorbereitende Übungen
- Übungen zur Verbesserung der Beweglichkeit in den Hüftgelenken (z. B.: Vor- und Rückbücken im Sitz mit beiden Beinen über einen Gymnastikstab, Rumpfbeugen im Stand oder Winkelsitz, Heben der Beine in den Kipphang am Reck oder an der Sprossenwand).
- Kippaufschwung vorlings vorwärts.

Vorübungen
1. Üben des Vorlaufens bzw. des Vorschwungs.
2. Kippaufschwung rücklings vorwärts mit Hilfe.

Zielübung
Aus dem Seitstand vorlings: Kippaufschwung rücklings vorwärts.

Leistungssteigerung
- Hochreck: Aus dem Vorschwung: Kippaufschwung rücklings vorwärts[4].

→ *Helfen und Sichern*

Helfen

Der Helfer steht seitlich hinter dem Übenden. Die stangennahe Hand drückt an der Oberseite des Oberschenkels (Unterstützung der Bewegungsrichtung). Die andere Hand erteilt Drehhilfe am Rücken (der Schulter).	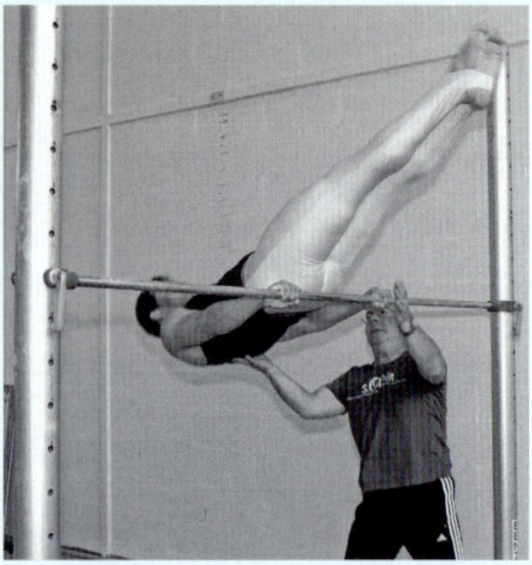

4 Methodische Zielstellung im Männerturnen ist es, den Kippaufschwung rücklings vorwärts am Hochreck auszuführen. In niederen Leistungsklassen, im Senioren- und Frauenturnen ist aber die Ausführung am niederen Gerät (Stützreck, unterer Holm) ebenfalls als Zielübung aufzufassen.

Fehlerkorrektur

→ *Fehlerkorrektur*

Fehler	Maßnahmen
Beine bleiben beim Vorbücken an der Stange hängen oder / und werden gebeugt.	Verbesserung der Beweglichkeit; Bewegungsführende Hilfe beim Vorlaufen / Vorschwung und Vorbücken durch Schubhilfe am Rücken.
Der Stütz rücklings wird nicht erreicht.	Späteres und intensiveres Strecken der Hüftgelenke (Zuruf), Hilfe.
Hüfte entfernt sich beim Strecken von der Reckstange.	Richtung der Streckbewegung korrigieren (Sichtpunkt).

Kippumschwung vorwärts

4.16 Kippumschwung vorwärts

Technik

→ *Technik*

- Aus dem Stütz rücklings mit Kammgriff wird mit gestreckten Armen der Körper gebeugt und nach oben-vorn verlagert (1–2).
- In enger Beugehaltung erfolgt der Abschwung. Die Reckstange wird in Höhe der Kniekehlen bei Fixierung des ARW gehalten (3).
- Nach dem Passieren der Senkrechten unterhalb der Reckstange (4) werden die Hüftgelenke gestreckt, und es erfolgt die Verkleinerung des Arm-Rumpf-Winkels (5).
- Abbremsen der Hüftstreckung und Erreichen des Stützes rücklings (6–7).

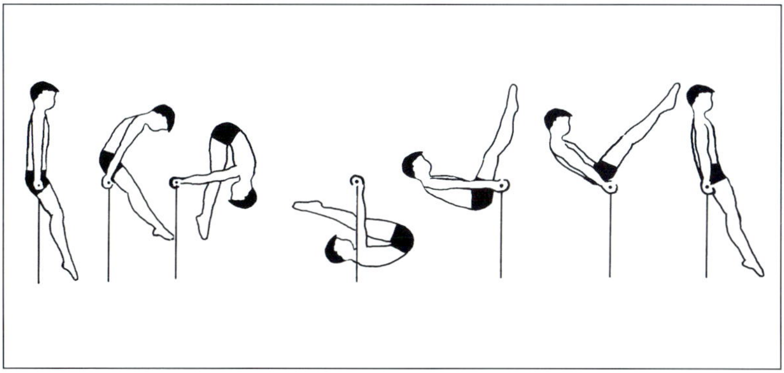

Abb. 36: Kippumschwung vorwärts

Methodik

→ *Methodik*

Die Erarbeitung erfolgt am kopfhohen Reck bzw. am unteren Holm des Stufenbarrens.

Spezielle vorbereitende Übungen
- Spreiz-Umschwung vorwärts.
- Kippaufschwung rücklings vorwärts.

Vorübungen
Kippumschwung vorwärts mit Hilfe.

Zielübung
Aus dem Stütz rücklings: Kippumschwung vorwärts.

Leistungssteigerung
- Aus dem Vorschwung mit Kammgriff: Kippaufschwung rücklings vorwärts, Kippumschwung vorwärts.
- Kippumschwung vorwärts in den Ellhang („Adlerschwung“).

→ *Helfen und Sichern*

Helfen

Der Helfer steht hinter dem Übenden. Die Hände erteilen Schub- und Drehhilfe am Rücken und am Oberschenkel.	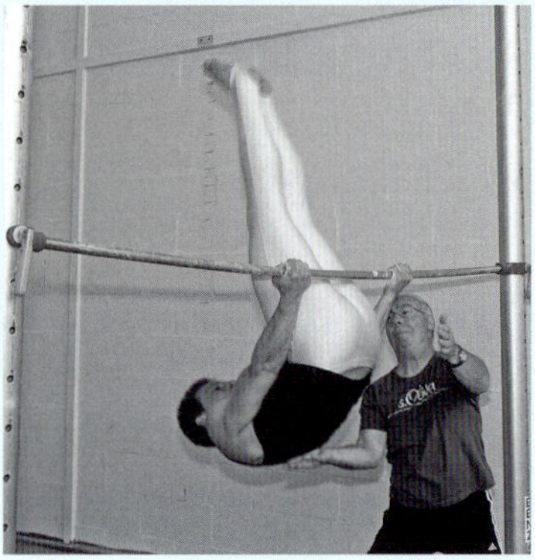

→ *Fehlerkorrektur*

Fehlerkorrektur

Fehler	Maßnahmen
Arme werden im Abschwung gebeugt, der ARW wird nicht fixiert.	Hinweis.
Der Stütz rücklings wird nicht erreicht.	Späteres und intensiveres Strecken der Hüftgelenke (Zuruf), Hilfe.
Hüfte entfernt sich beim Strecken von der Reckstange.	Richtung der Streckbewegung korrigieren (Sichtpunkt).

Stemmaufschwung rückwärts

4.17 Stemmaufschwung rückwärts

Technik

➜ *Technik*

- Der Stemmaufschwung rückwärts beginnt entweder durch das „Schwungholen“ im Hang (Felgabschwung aus dem Hang in den Hang), wodurch der Körper in eine hohe Ausgangslage gebracht wird oder aus dem Stütz vorlings mit einem Felgabschwung (1).
- Der Abschwung erfolgt mit gestreckten Schultergelenken und leicht gebeugten Hüftgelenken (1–2).
- Nach Passieren der unteren Gerätsenkrechten, erfolgt ein intensiver Beineinsatz nach hinten, der zum Überstrecken des Körpers führt (3–4).
- Mit dem Abbremsen des Beinschwunges (Bändersperre) wird der ARW durch Druck der Arme auf das Gerät verkleinert (Stemmbewegung/5).

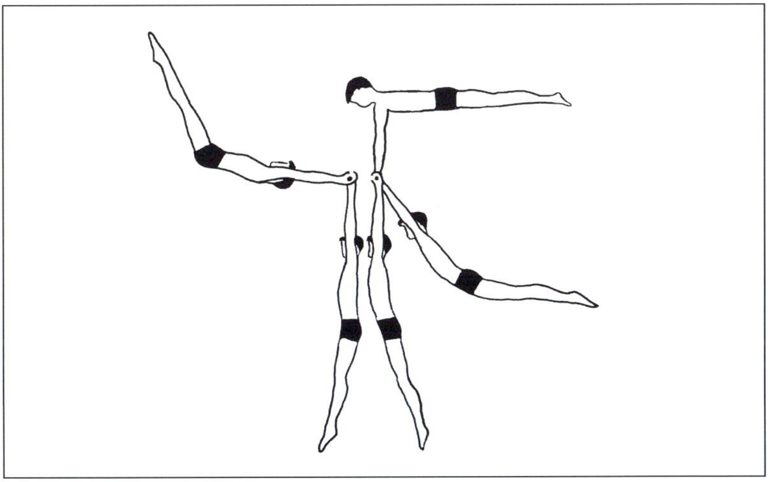

Abb. 37: Stemmaufschwung rückwärts

Methodik

➜ *Methodik*

Spezielle vorbereitende Übungen

- Aktives Schließen des Arm-Rumpf-Winkels gegen Widerstand (z. B. Partner).
- Grundschwung.
- Aus dem Hang: Felgabschwung in den Hang („Schwungholen“).
- Aus dem Stütz vorlings mit Ristgriff: Felgabschwung (große Amplitude).

Vorübungen
Stemmaufschwung rückwärts mit Hilfe.

Zielübung
Stemmaufschwung rückwärts.

Leistungssteigerung
- Stemmaufschwung in Verbindungen.
- Dreh-Stemmaufschwung (Aus dem Stütz: Abschwung mit Übergreifen zum Kreuzgriff, ½ Drehung, Stemmaufschwung rückwärts).

→ *Helfen und Sichern*

Helfen

Der Helfer steht auf einem Kasten seitlich hinter dem Übenden und unterstützt das Aufschwingen durch Schubhilfe an der Vorderseite des Körpers und der Beine.	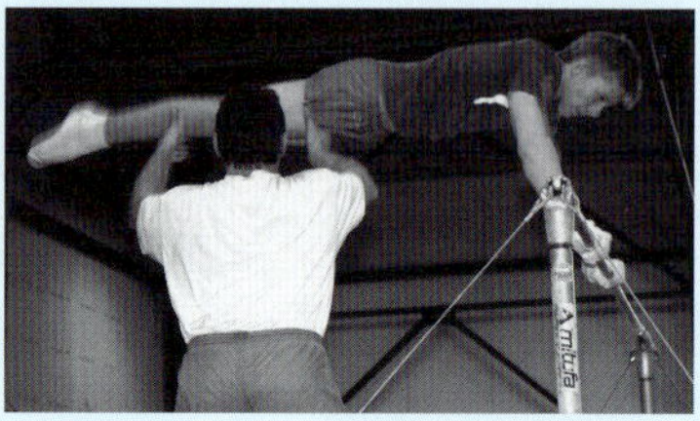

→ *Fehlerkorrektur*

Fehlerkorrektur

Fehler	Maßnahmen
Felgabschwung zu flach; Stütz wird nicht erreicht.	Felgabschwung höher ausführen mit schnellem Entfernen von der Reckstange (Schubhilfe an der Schulter und / oder an der Rückseite der Oberschenkel).
Beineinsatz beim Rückschwung zu früh oder zu wenig schnellkräftig.	Hinweis.
Kein ausreichendes Schließen des ARW.	Hinweis: Druck der gestreckten Arme auf die Reckstange, Schultern nach vorn bringen.

4.18 Riesen-Felgumschwung

Riesen-Felgumschwung

→ *Technik*

Technik

- Aus dem Stütz, Rückschwung in eine handstandnahe Position. Daraus erfolgt das Abschwingen mit gestrecktem bzw. leicht gebeugtem Körper. Der ARW ist gestreckt (1–3).

– Mit Erreichen der unteren Vertikalen, wird der BRW völlig gestreckt oder auch leicht überstreckt (4).
– Nach Passieren der Vertikalen erfolgt ein intensiver Vorschwung der Beine durch das Beugen der Hüftgelenke (5–6). Darauf unmittelbar folgend werden die Hüftgelenke gestreckt und der ARW geöffnet (Felgbewegung) (7).
– Durchschwingen der Handstandposition mit gestrecktem Körper (8).

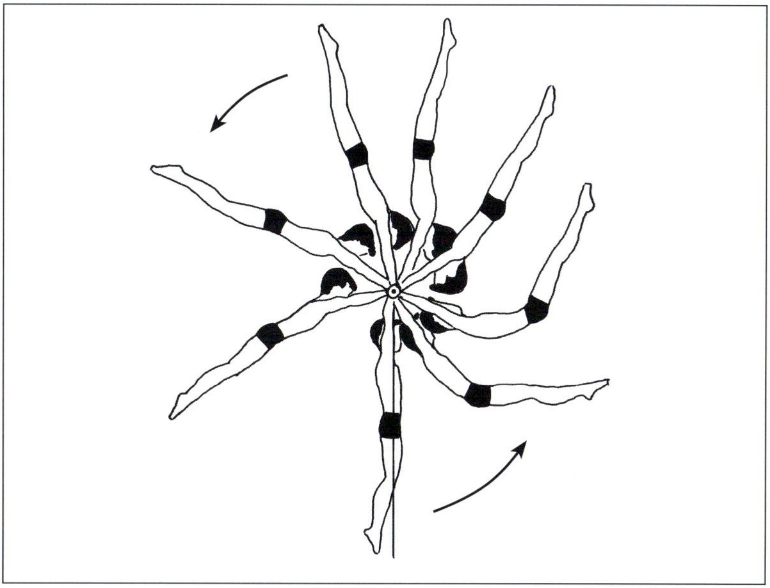

Abb. 38: Riesen-Felgumschwung

Methodik

➜ ***Methodik***

Spezielle vorbereitende Übungen
– Aktives Schließen und Öffnen des Arm-Rumpf-Winkels gegen einen Widerstand (Partner).
– Aktives Schließen des Bein-Rumpf-Winkels gegen einen Widerstand (Partner).
– Grifffestigkeit.
– Grundschwung.

Vorübungen
1. Schwingen im Hang mit Betonen des schnellkräftigen Vorschwingens der Beine.
2. Schwingen in den Handstand mit Hilfe.

Zielübung
Riesen-Felgumschwung.

Leistungssteigerung
- mehrfache Ausführung des Riesen-Felgumschwunges (Serie)
- Riesen-Felgumschwung in Verbindungen.

→ *Helfen und Sichern*

Helfen

Der auf einem Kasten oder einer anderen Einrichtung stehende Helfer unterstützt durch Schubhilfe das Erreichen einer handstandnahen Position. Der Umschwung kann gesichert werden durch Griff am Handgelenk und wird im aufschwingenden Abschnitt unterstützt durch Schubhilfe am Rücken.	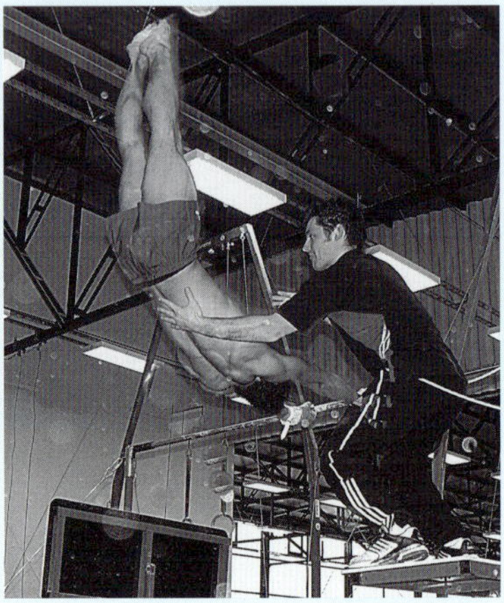

→ *Fehlerkorrektur*

Fehlerkorrektur

Fehler	Maßnahmen
Die handstandnahe Position wird nicht erreicht.	Hinweis auf intensiveren Rückschwung der Beine; Schubhilfe.
Das Überstrecken beim Abschwung im Hang erfolgt zu früh.	Einleiten des Abschwingens durch leichtes Beugen der Hüftgelenke, Kopf in Normalhaltung.
Beugen der Hüftgelenke zu früh (bereits vor der Vertikalen).	Gewinkelte Körperhaltung beim Abschwung länger beibehalten und Überstreckung später einnehmen.
Handstand wird nicht (Rückfallen in den Hang) oder nur mit starker Überstreckung (Hohlkreuz) erreicht.	Beuge- und Streckbewegung der Hüftgelenke nach Passieren der unteren Vertikalen intensivieren; Schubhilfe.

Riesen-Stemmumschwung

Technik

4.19 *Riesen-Stemmumschwung*

→ *Technik*

- Aus dem Seitstütz vorlings mit Kammgriff: Rückschwung in eine flüchtige Handstandposition (1), Abschwingen mit gestrecktem Körper (2–4).
- Nach Passieren der unteren Gerätsenkrechten werden die Hüftgelenke gebeugt und der ARW verkleinert (Annäherung des KSP/ 5–6).
- Es erfolgt dann das schnelle Strecken des BRW mit nachfolgender Abbremsung, das Öffnen des ARW und damit verbunden der Druck der Hände auf die Reckstange (Stemmbewegung / 7).
- In der handstandnahen Position, die schwunghaft passiert wird, ist der Körper völlig gestreckt (1 bzw. 8).

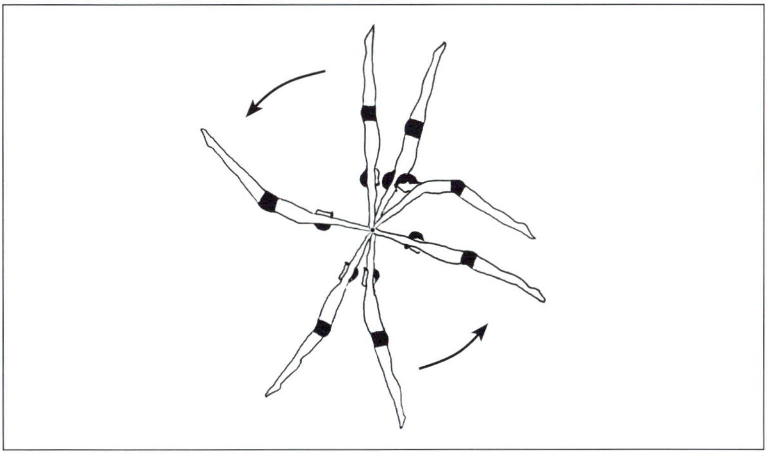

Abb. 39: Riesen-Stemmumschwung

Methodik

→ *Methodik*

Spezielle vorbereitende Übungen

- Aktives Schließen des Arm-Rumpf-Winkels gegen einen Widerstand (Partner).
- Hüfthohes Reck: Aus dem Stütz mit Kammgriff, Schwingen in den Handstand.
- Grifffestigkeit.
- Grundschwung.

Vorübungen

1. Stützreck: Aus dem Handstand mit Kammgriff, Abschwingen in die Rückenlage auf einen Mattenstapel in Geräthöhe.

2. Aus dem Stütz mit Kammgriff: Schwingen in den Handstand und Abschwingen in den Hang (Hilfe, um anschließenden Vorschwung abzubremsen).
3. Aus dem Handstand mit Kammgriff: Abschwingen und Stemmaufschwung (mit Hilfe).

Zielübung
Riesen-Stemmumschwung.

Leistungssteigerung
- Riesen-Stemmumschwung in Serie.
- Kippaufschwung vorlings vorwärts mit Kammgriff, Rückschwung in die flüchtige Handstandposition, Riesen-Stemmumschwung.

→ *Helfen und Sichern*

Helfen

Der Helfer fixiert die Handstandposition vor dem Abschwung und unterstützt mit der stangennahen Hand den Aufschwung durch Schubhilfe an der Brust und mit der anderen Hand an der Vorderseite des Oberschenkels.	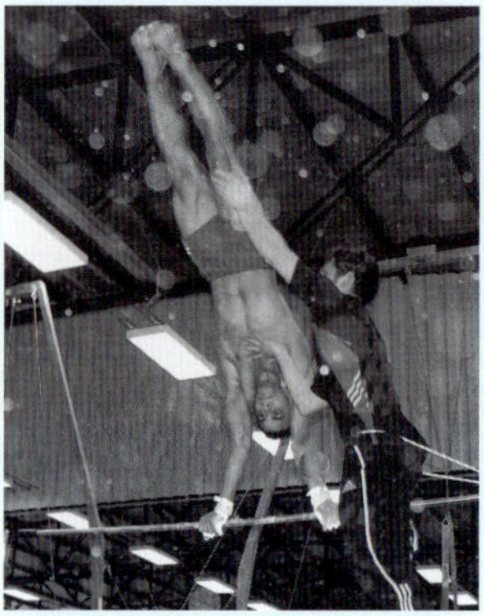

→ *Fehlerkorrektur*

Fehlerkorrektur

Fehler	Maßnahmen
Körper im Abschwung nicht gestreckt (KSP zu dicht an der Drehachse).	Arm-Rumpf-Winkel und Hüftgelenke im Abschwung vollständig aufstrecken.
Beugen der Hüftgelenke bereits vor der Senkrechten.	Hinweis.
Handstandposition wird nicht erreicht, weil die Beugung im Aufschwung zu gering und die Streckung der Hüftgelenke zu früh erfolgt.	Hinweis auf das Beugen der Hüftgelenke nach Passieren der unteren Vertikalen und das schnelle Strecken nach Passieren der Horizontalen; Druck der Hände auf die Reckstange verstärken.

Kapitel 5

Stufenbarren

5 Stufenbarren

Der Stufenbarren ist durch seine unterschiedlich hohen Holme gekennzeichnet. Er gleicht eher einem Stufenreck als einem Barren. Im Wettkampfturnen ist die Höhe des oberen Holmes 2,45 m und die des unteren Holmes 1,65 m. Die Höhen der Holme und die Weiteneinstellung werden im Breiten- und Nachwuchsturnen sowie in der Schule an die Körperhöhe der Schülerinnen und Turnerinnen unter Berücksichtigung des Leistungsvermögens angepasst.

Prinzipiell lassen sich alle Reckelemente auf den Stufenbarren übertragen. Aber auf Grund der Gerätbesonderheit werden gegenüber dem Reckturnen vielfältige neue Variationen ermöglicht. Das trifft insbesondere für die Variation der Übungen durch Griffwechsel zu, das heißt, durch den Wechsel vom oberen zum unteren Holm und umgekehrt, durch den Wechsel von Hang- und Stützelementen sowie gemischte Hänge und Stütze innerhalb einer Übung.

Die Übungen am Stufenbarren erfordern auf Grund des im Vergleich zur Reckstange größeren Holmdurchmessers besondere Griffformen. Bei allen Auf-, Um- und Abschwüngen sowie Kipp-, Felg- und Stemmbewegungen umfassen alle Finger den Holm (Daumen befindet sich neben dem Zeigefinger), während bei den Beinschwungbewegungen und flüchtigen Handständen (Stütze) der Daumen den Holm umfasst. Die Übungen an diesem Gerät beanspruchen insbesondere die Schulter- und Rumpfmuskulatur. Daher ist eine gut ausgebildete Stütz-, Hang-, und Schwungfähigkeit unbedingt erforderlich. Aus koordinativer Sicht bestehen die besonderen Anforderungen in einer zweckmäßigen Abstimmung der Gesamtkörper- bzw. Teilkörperverlagerungen auf die Ganz- bzw. Teilrotationen des Körpers unter Berücksichtigung der Federeigenschaften der Holme. Unter methodischem Aspekt (erleichterte Bedingungen) sollten die meisten Elemente, die am oberen Holm geturnt werden sollen, zunächst am unterem Holm bzw. am Stützreck vorbereitet werden.

5.1 Vorspreizen

Vorspreizen

→ *Technik*

Technik

- Aus dem Seitstütz vorlings (1):
- Gewichtsverlagerung auf den linken Arm und Abdruck des rechten Armes, schwunghaftes Vorspreizen des rechten Beines (2).
- Nachdem das Bein den Holm passiert hat, erfolgt die Gewichtsverlagerung wieder auf beide Arme.

– Die Übung endet im schulterbreitem Seitstütz mit vorgespreiztem rechtem Bein (3).

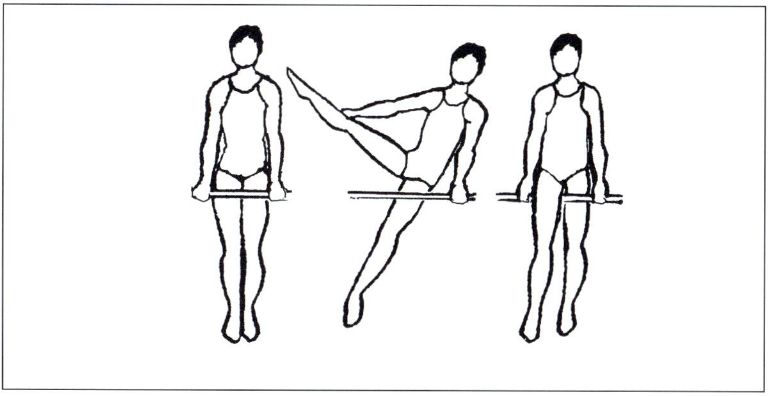

Abb. 40: Vorspreizen rechts

Methodik

➜ *Methodik*

Spezielle vorbereitende Übungen

- Seitstütz vorlings mit Gewichtsverlagerung von einem auf den anderen Arm (Barren, Reck, Stufenbarren).
- Spreizübungen links und rechts.

Vorübungen

Vorspreizen eines Beines mit Hilfe.

Zielübung

Aus dem Seitstütz vorlings: Vorspreizen.

Leistungssteigerung

Widergleiche Ausführung.

Helfen

➜ *Helfen und Sichern*

Die Helferin steht im Außenschrägstand vor dem Stützarm (links) der Übenden und erteilt Zughilfe durch Klammergriff am Oberarm oder Stützgriff.

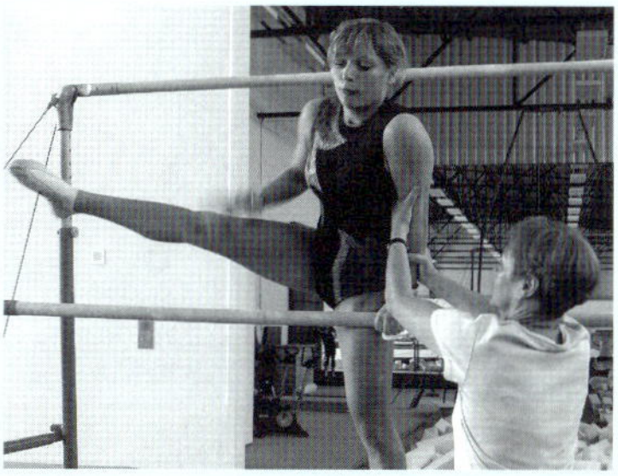

→ *Fehlerkorrektur*

Fehlerkorrektur

Fehler	Maßnahmen
Spreizhöhe zu gering.	Spreizübungen wiederholen.
Ungenügende Gewichtsverlagerung.	Hinweis, Hilfe. Wiederholung spezieller vorbereitender Übungen.
Gewichtsverlagerung zu zeitig beendet.	Hinweis.

5.2 Vorhocken eines Beines

Vorhocken rechts

→ *Technik*

Technik

- Aus dem Seitstütz vorlings mit Ristgriff: Beugen der Hüft- und Ellenbogengelenke bei leichter Schultervorlage (1).
- Rückschwung durch schnelles Strecken der Hüft- und Ellenbogengelenke und Abdruck der Hüfte vom Holm bei Beibehaltung der Schultervorlage.
- Am Ende des Rückschwunges wird das rechte (oder linke) Bein schnell und eng angehockt (2).
- Nach Passieren des Holmes erfolgt das Strecken des Kniegelenkes und eine Rückverlagerung der Schultern.
- Die Übung ist im Seitstütz mit gespreizten Beinen beendet (3).

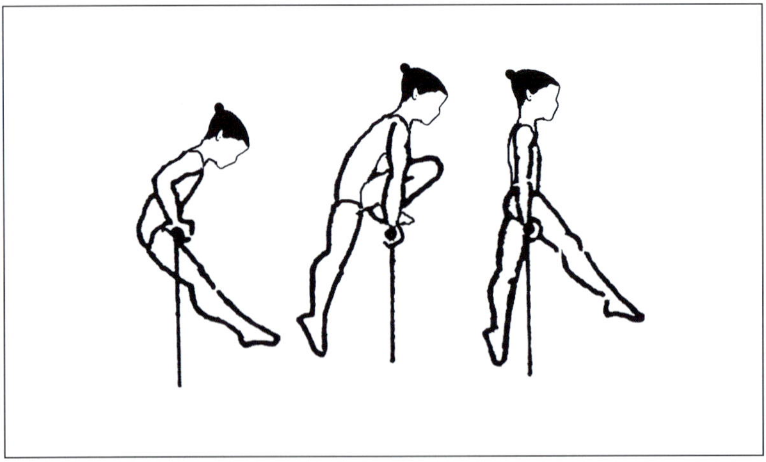

Abb. 41: Vorhocken rechts

Methodik

→ ***Methodik***

Spezielle vorbereitende Übungen

- Schnelles Anhocken eines Beines im Stand.
- Sprungaufhocken auf einen Turnhocker, Kasten.
- Sprungvorhocken eines Beines am Schwebebalken.

Vorübungen

Vorhocken eines Beines mit Hilfe.

Zielübung

Aus dem Seitstütz vorlings: Vorhocken eines Beines.

Leistungssteigerung

Vorhocken eines Beines in einer Verbindung.

Helfen

→ ***Helfen und Sichern***

Die Helferin steht im Außenschrägstand seitlich vor der Übenden und erteilt Zughilfe im Klammergriff am Oberarm oder Stützgriff. Nach Passieren des Holms wird Schubhilfe zur Aufrichtung des Körpers geleistet.

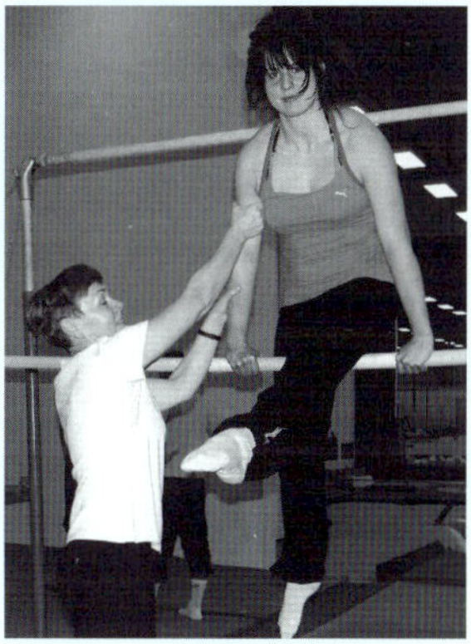

Fehlerkorrektur

→ ***Fehlerkorrektur***

Fehler	Maßnahmen
Rückschwung zu niedrig.	Eventuell stärkere Beugung der Hüftgelenke im Vorschwung. Üben des Rückschwunges mit Hilfe.
Zu frühes oder zu spätes Hocken.	Hinweis.
Hockhaltung zu offen	Wiederholung spez. vorb. Übungen.
Keine bzw. zu geringe Rückverlagerung der Schultern.	Hinweis, Schubhilfe.

5.3 Aufhocken

Aufhocken

➜ *Technik*

Technik

- Aus dem Seitstütz vorlings mit Ristgriff: Beugen der Hüftgelenke bei leichter Schultervorlage (1).
- Mit dem Strecken der Hüftgelenke und Abdruck vom Holm erfolgt der Rückschwung bis in den Bereich der Horizontalen bei Beibehaltung der Schultervorlage (2).
- Am Ende des Rückschwunges werden beide Beine bei Einnahme eines Rundrückens schnell mit sehr kleinen Kniewinkeln aufgehockt.
- Mit dem Aufsetzen der Fußballen auf dem Holm erfolgt ein Senken des Gesäßes auf die Fersen und eine Rückverlagerung der Schultern bis zur Senkrechten über der Stützstelle (3).
- Das Gleichgewicht ist durch korrigierende Arm- und Handtätigkeit auszubalancieren.

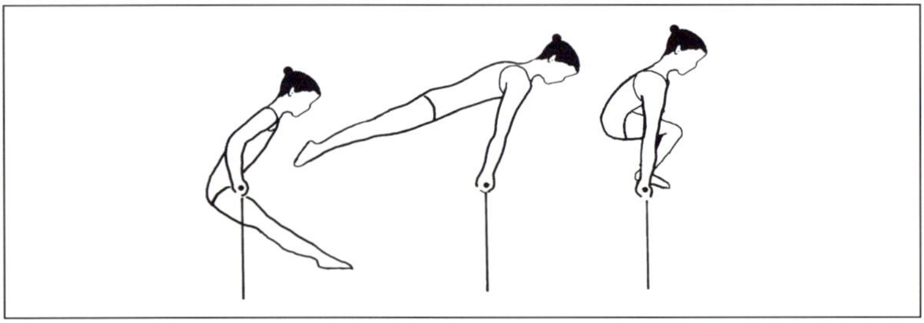

Abb. 42: Aufhocken

➜ *Methodik*

Methodik

Spezielle vorbereitende Übungen

- Schnelles Anhocken beider Beine im Liegen.
- Sprungaufhocken auf einen Turnhocker, Turnbank.
- Aus dem Seitstütz vorlings: Vorhocken eines Beines.

Vorübungen

Aufhocken mit Hilfe.

Zielübung

Aus dem Seitstütz vorlings: Aufhocken.

Leistungssteigerung

- Aus dem Seitstütz vorlings: Vorhocken.
- Aus dem Seitstütz rücklings: Aufhocken rückwärts.
- Aus dem Seitstütz vorlings: Dreh-Aufhocken rückwärts.

Helfen

➜ *Helfen und Sichern*

Die Helferin steht im Außenschrägstand vor der Übenden und erteilt mit ½ Klammergriff (oder Stützgriff) Zughilfe am Oberarm. Mit Erreichen des Hockstandes erfolgt leichte Schubhilfe zur Rückverlagerung der Schultern. Ein zweiter Helfer kann das Rückschwingen durch Schubhilfe an den Oberschenkeln unterstützen.	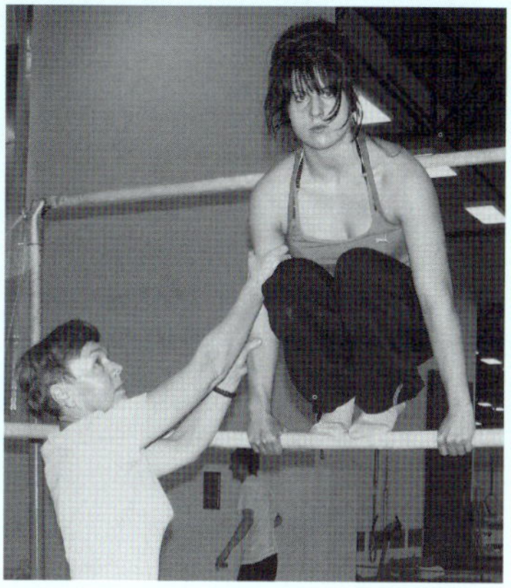

Fehlerkorrektur

➜ *Fehlerkorrektur*

Fehler	Maßnahmen
Rückschwung zu gering.	Stärkeres Beugen der Hüftgelenke im Vorschwung und schnelles Rückschwingen der Beine. Üben des Rückschwunges mit Hilfe.
Zu frühes oder zu spätes Hocken.	Hinweis.
Hockhaltung zu offen.	Wiederholung spez. vorbereitender Übungen.
Zu frühe, keine oder zu geringe Rückverlagerung der Schultern.	Hinweis, Hilfe.

Dreh-Spreizen

5.4 Dreh-Spreizen

Es wird die Ausführung links mit ¼ Drehung rechts beschrieben.

Technik

➜ *Technik*

- Im Seitstütz vorlings mit vorgespreiztem rechtem Bein wird der Holm mit der rechten Hand im Kammgriff erfasst. Es erfolgt eine Gewichtsverlagerung auf den rechten Arm.
- Mit dem hohen Vorspreizen des linken Beines sowie Strecken der Hüftgelenke wird die linke Hand gelöst, und der Körper führt eine Vierteldrehung um die Körperlängenachse aus. Dabei erfolgt der

Abdruck des Oberschenkels vom Gerät. Der linke Arm schwingt in Schräghochhalte.
- Die Übung endet im Außenquerstand rechts seitlings.

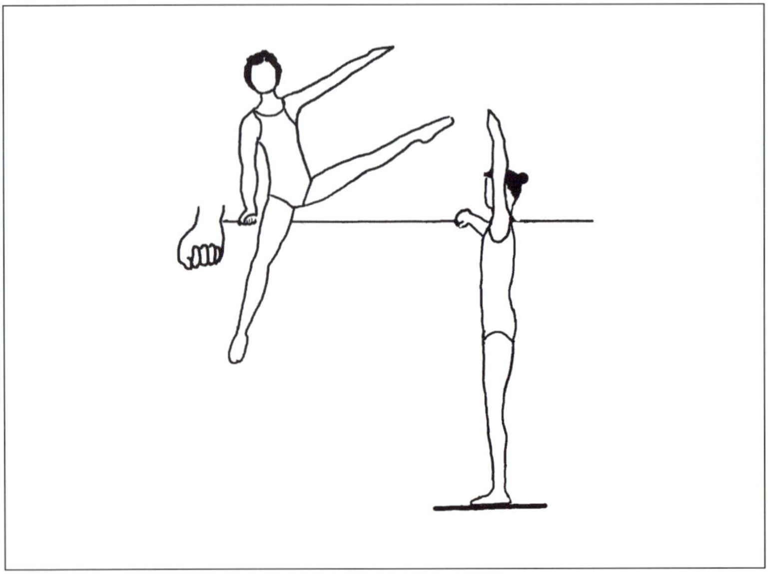

Abb. 43: Dreh-Spreizen links mit ¼ Drehung rechts in den Außenquerstand rechts seitlings

→ *Methodik*

Methodik

Spezielle vorbereitende Übungen
- Seitstütz vorlings mit Gewichtsverlagerung von einem auf den anderen Arm (Reck, Stufenbarren).
- Spreizübungen links und rechts.

Vorübungen
1. Vorspreizen eines Beines.
2. Dreh-Spreizen in den Querstand mit Hilfe.

Zielübung
Dreh-Spreizen in den Außenquerstand seitlings.

Leistungssteigerung
- Dreh-Spreizen mit ½ Drehung in den Seitstand vorlings.

Helfen

→ *Helfen und Sichern*

Die Helferin steht im Außenschrägstand vor dem (rechten) Stützarm der Übenden und hilft mit halbem Klammergriff am Oberarm. Die linke Hand erteilt Schubhilfe am Gesäß.	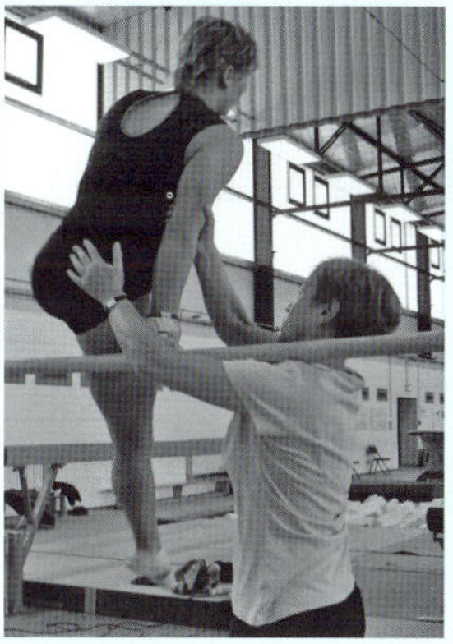

Fehlerkorrektur

→ *Fehlerkorrektur*

Fehler	Maßnahmen
Spreizhöhe zu gering.	Spreizübungen wiederholen.
Ungenügende Gewichtsverlagerung.	Hinweis, Wiederholung spez. vorbereitender Übungen, Hilfe.
Stützarm gebeugt.	Hinweis, Hilfe.
Gewichtsverlagerung zu zeitig aufgegeben.	Hinweis, optische Orientierung für Schwungbein geben.

Hüft-Aufschwung

5.5 Hüft-Aufschwung

Technik

→ *Technik*

- Aus dem Liegehang rücklings mit Ristgriff am oberen Holm und leicht gebeugten Armen wird das rechte Bein (Abdruckbein) angehockt und mit dem Fußballen auf den unteren Holm gestellt (Hockhangstand rechts); das linke Bein (Schwungbein) bleibt gestreckt (1).
- In der Vorbereitungsphase *(„Schwung holen“)* wird das Becken leicht angehoben und das Schwungbein nach unten gedrückt.
- Durch schnelles Beugen des Schwungbeines im Hüftgelenk und Strecken des Abdruckbeines wird das Becken bei gleichzeitigem Beugen der Arme an den oberen Holm herangeführt. Der Kopf ist nach vorn geneigt (Blick zum oberen Holm) (2, 3).

- Sobald die Hüftgelenke den oberen Holm erreicht haben, werden die Beine geschlossen und es erfolgt das Strecken der Hüftgelenke zur Aufrichtung des Körpers, die durch einen Druck der Hände auf den Holm unterstützt wird (3).
- Der Hüft-Aufschwung endet im Außenseitstütz vorlings (4).

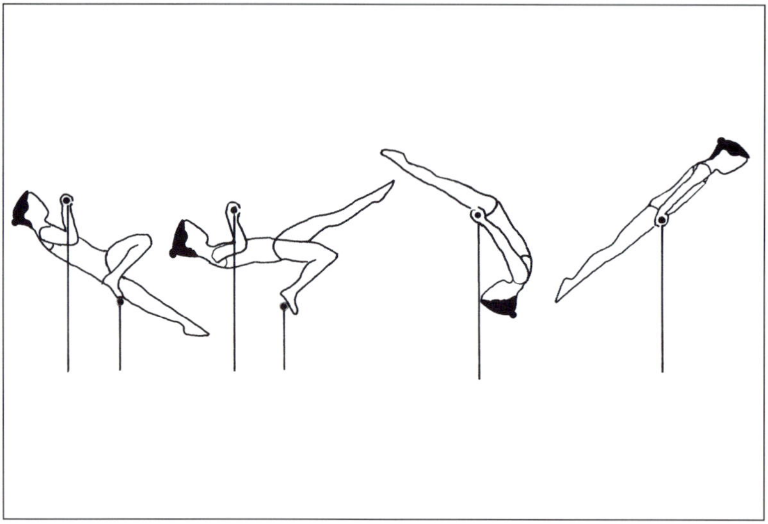

Abb. 44: Aus dem Liegehang rücklings: Hüft-Aufschwung

→ *Methodik* **Methodik**

Spezielle vorbereitende Übungen
- Aus dem Stand: Hüft-Aufschwung.
- Aus dem Hockhangstand links bzw. rechts: Strecken des Abdruckbeines und Anheben des Beckens sowie Führen des Schwungbeines bis in die Senkrechte.
- Aus dem Seitstütz vorlings: Senken in den Hüfthang und wieder Aufrichten in den Seitstütz vorlings.

Vorübungen
Aus dem Liegehang rücklings: Hüft-Aufschwung mit Hilfe.

Zielübung
Aus dem Liegehang rücklings: Hüft-Aufschwung.

Leistungssteigerung
- Mehrmaliger Hüft-Aufschwung (Serie).
- Hüft-Aufschwung in Verbindungen.

Helfen

→ *Helfen und Sichern*

Die Helferin steht im Innenquerstand und erteilt Schubhilfe am Gesäß / Rücken sowie Drehhilfe an den Schultern.	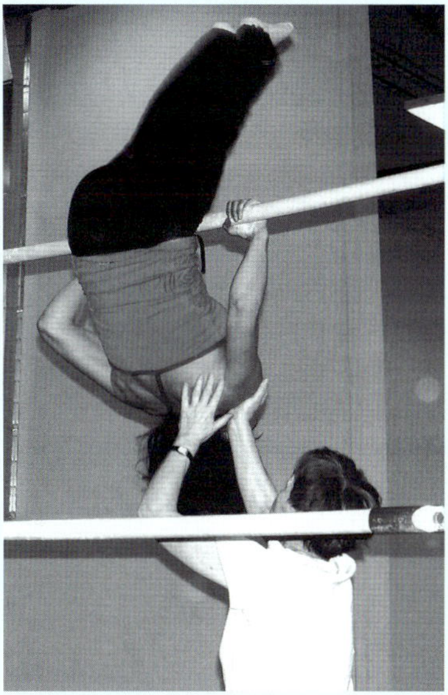

Fehlerkorrektur

→ *Fehlerkorrektur*

Fehler	Maßnahmen
Fuß setzt nicht mit dem Fußballen auf, Becken wird nicht angehoben, Schwungbein wird nicht genügend nach unten gedrückt und die Arme sind nicht gebeugt.	Üben der Ausgangsstellung und Vorbereitungsphase („Schwung holen").
Ungenügender Beinabdruck; Zu geringer Schwungbeineinsatz.	Hinweis.
Arme werden nicht ausreichend gebeugt oder sogar wieder gestreckt; Becken wird nicht an den Holm geführt.	Kräftigung der Arm- und Bauchmuskulatur.
Kopf wird zurückgeneigt.	Hinweis.
Die Beine werden zu früh oder zu spät geschlossen; Der Oberkörper wird nur ungenügend aufgerichtet.	Hinweis. Schubhilfe an der Schulter.

5.6 *Aufstemmen*

Aufstemmen

➜ *Technik*

Technik

- Aus dem Hockhangstand (Fußballen auf dem unteren Holm) mit Ristgriff am oberen Holm, Arme gestreckt: Senken des Körpers in den tiefen Hockhangstand bei gleichzeitigem Schwingen des Gesäßes gegen die Fersen (Ausholphase) (1).
- Schnellkräftiges Strecken der Kniegelenke und Schwingen des Gesäßes nach hinten-oben bei gleichzeitigem Verringern des Arm-Rumpf-Winkels durch Druck der Arme auf den Holm (2/3).
- Am Ende des Rückschwunges erfolgt der Abdruck der Füße vom Holm mit weiterer aktiver Verkleinerung des ARW bis zum vollständigen Schließen dieses Winkels (3/4).
- Mit dem Umsetzen der Hände und Vorverlagerung der Schultern wird der Außenseitstütz erreicht (5).

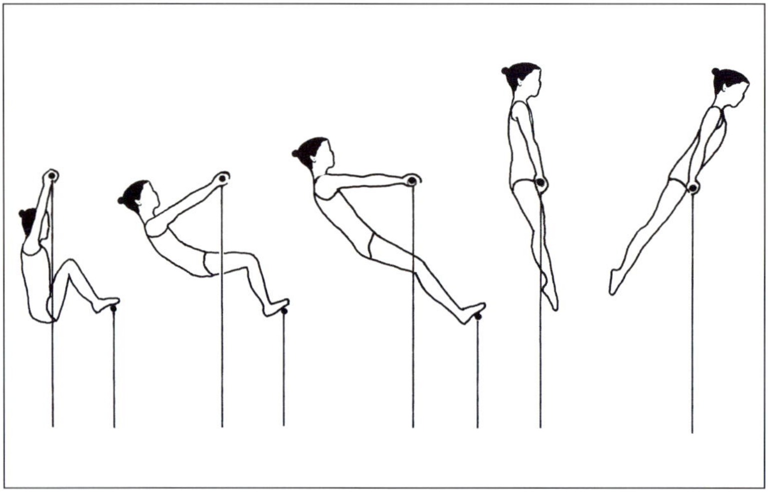

Abb. 45: Aufstemmen

➜ *Methodik*

Methodik

Spezielle vorbereitende Übungen

- Aus dem Hockhangstand an der Sprossenwand, Hände erfassen eine Sprosse in Schulterhöhe: Aufrichten durch Druck der gestreckten Arme und Strecken der Beine.
- Übungen zur Schließung des ARW.

Vorübungen

Aus dem Hockhangstand: Aufstemmen mit Hilfe.

Zielübung
Aus dem Hockhangstand: Aufstemmen in den Außenseitstütz vorlings am oberen Holm.

Leistungssteigerung
– Mehrmaliges Aufstemmen hintereinander (Übungsserie)
– Aufstemmen in Verbindungen.

Helfen

➜ *Helfen und Sichern*

Die Helferin steht im Innenquerstand und erteilt mit einer Hand Schubhilfe am Gesäß; die andere Hand unterstützt evt. die Streckung der Kniegelenke.

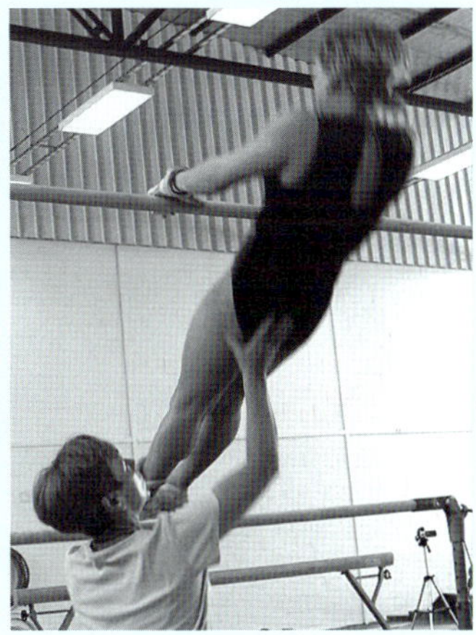

Fehlerkorrektur

➜ *Fehlerkorrektur*

Fehler	Maßnahmen
Arme gebeugt, Fersen werden auf dem Holm aufgesetzt, Knie zu wenig gebeugt.	Ausgangsstellung üben.
Zu langsames und unvollständiges Strecken der Kniegelenke.	Hinweis auf schnellkräftiges Strecken der Kniegelenke; Helfer drückt auf die Kniegelenke.
Ungenügender Druck der Arme auf den Holm, ARW wird nicht aktiv verkleinert.	Übungen zur Schließung des ARW. Hilfe.
Abdruck der Beine erfolgt zu früh oder gar nicht.	Hilfe.
Hände werden nicht umgesetzt, so dass der Stütz nicht erreicht wird.	Zuruf. Hinweis.

5.7 *Knie-Abschwung, Knie-Aufschwung mit Griffwechsel*

Knie-Abschwung, Knie-Aufschwung mit Griffwechsel

➜ *Technik*

- Ausgangsstellung: Knieliegehang links, Kniegelenk etwa rechtwinklig gebeugt, Hüftgelenk auf der Schwungbeinseite (rechts) gestreckt, Ristgriff am oberen Holm (1).
- Schwingen des Schwungbeines nach hinten, Lösen des Griffes am Ende des Rückschwunges; Abschwung mit Griffwechsel zum unteren Holm (2/3).
- Am Ende des Vorschwunges wird das Schwungbein etwa in Höhe des unteren Holmes abgebremst und aktiv nach hinten geschwungen (3/4).
- Am Ende des Rückschwunges erfolgt mit dem Abbremsen des Schwungbeines und gleichzeitigem Druck der Arme auf den Holm der Griffwechsel zum oberen Holm, so dass der Knieliegehang links wieder erreicht wird (5/6).

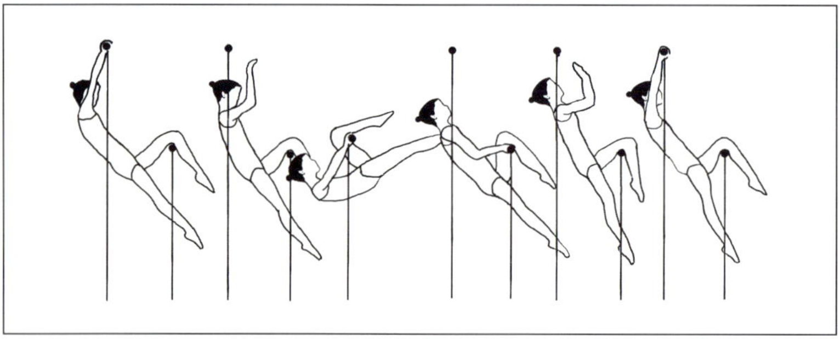

Abb. 46: Knie-Abschwung rechts mit Griffwechsel, Knie-Aufschwung mit Griffwechsel

➜ *Methodik*

Methodik

Spezielle vorbereitende Übungen

Vor- und Rückschwingen im Kniehang mit betontem Schwungbeineinsatz.

Vorübungen

1. Aus dem Kniehang rechts: Knie-Aufschwung vorwärts.
2. Aus dem Seitsitz rechts: Knie-Abschwung, Knie-Aufschwung in den Seitsitz rechts.
3. Aus dem Knieliegehang rechts: Abschwung mit Griffwechsel zum unteren Holm (mit Hilfe).
4. Aus dem Knieliegehang rechts: Knie-Abschwung mit Griffwechsel, Knie-Aufschwung mit Griffwechsel und Hilfe.

Zielübung
Aus dem Knieliegehang rechts: Knie-Abschwung mit Griffwechsel, Knieaufschwung mit Griffwechsel.

Leistungssteigerung
- Knie-Abschwung mit Strecken des gebeugten Beines am Ende des Vorschwunges (Umkehrpunkt), Knie-Aufschwung mit Griffwechsel.
- Knie-Abschwung mit Griffwechsel, Knie-Aufschwung mit Griffwechsel zum oberen Holm in Verbindungen.

Helfen

→ *Helfen und Sichern*

Die Helferin steht im Innenquerstand auf der Schwungbeinseite der Übenden und sichert anfangs den Griffwechsel zum unteren Holm. Mit Beginn des Knie-Aufschwunges erteilt die linke Hand kurzzeitig Schubhilfe am Oberschenkel des Schwungbeines und die rechte Hand Schubhilfe am Rücken.

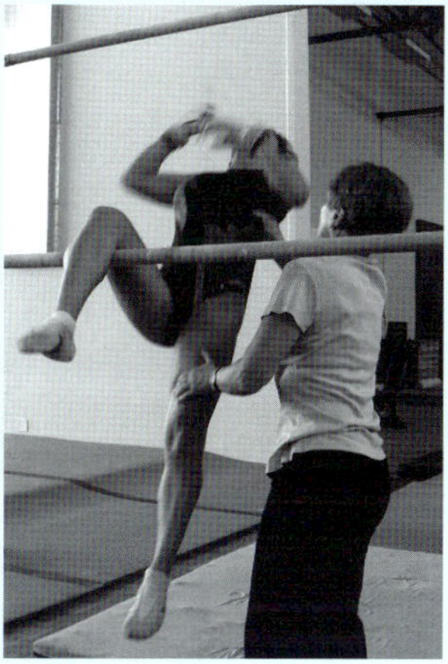

Fehlerkorrektur

→ *Fehlerkorrektur*

Fehler	Maßnahmen
Zu geringer Rückschwung vor Beginn des Abschwunges.	Hinweis.
Ungenügendes Abbremsen des Schwungbeines am Ende des Vorschwunges.	Hinweis, Hilfe.
Ungenügender Beinrückschwung beim Aufschwung.	Hinweis, Schubhilfe am Oberschenkel.
Hüfte nicht gestreckt, Arme zu stark gebeugt, ungenügender Handabdruck vom Holm.	Hinweis.

5.8 Kippaufschwung vorlings vorwärts

Kippaufschwung-vorlings vorwärts

→ *Technik*

Technik

- Aus dem Liegehang rücklings mit Ristgriff am oberen Holm: Überstrecken der Hüftgelenke mit nachfolgender schnellkräftiger Beugung, Fußriste befinden sich nahe dem oberen Holm (1–4).
- Nach Passieren des Vertikalbereiches unter den Griffstellen beginnt die schnellkräftige Aufstreckung des BRW bei gleichzeitigem Druck der gestreckten Arme auf das Gerät (ARW-Verkleinerung) und „Entlangschieben" der Beine am Holm bis zu den Hüftgelenken (5–6).
- Mit dem Erreichen des Stützes ist die Bewegung beendet (vollständige Streckung des BRW) oder es erfolgt aus einer leichten Beugung des BRW (7) der Rückschwung zum Anfügen weiterer Turnelemente (8).

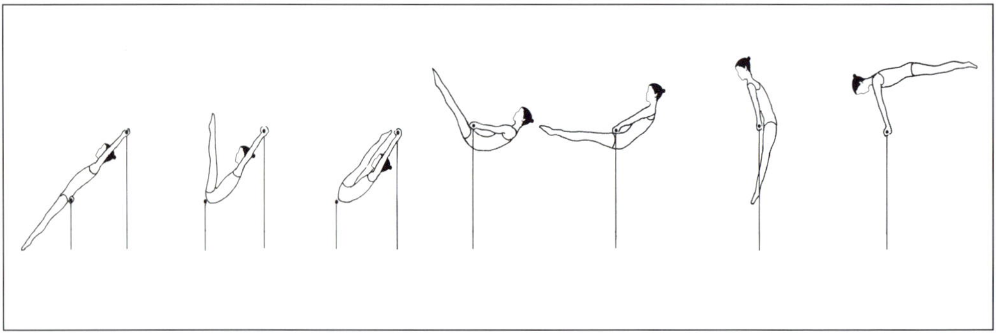

Abb. 47: Aus dem Liegehang rücklings: Kippaufschwung vorlings vorwärts

→ *Methodik*

Methodik

Spezielle vorbereitende Übungen
Übungen zur schnellkräftigen Verkleinerung des ARW und BRW.

Vorübungen
- Aus dem Vorschwung (am Reck): Kippaufschwung mit Hilfe.
- Aus dem Liegehang rücklings: Kippaufschwung mit Hilfe.

Zielübung
Aus dem Liegehang rücklings: Kippaufschwung vorlings vorwärts.

Leistungssteigerung
- Kippaufschwung mit hohem Rückschwung.
- Kippaufschwung in Verbindungen.

Helfen

→ *Helfen und Sichern*

Die Helferin steht im Innenquerstand und erteilt Schubhilfe am Gesäß und der Vorderseite der Oberschenkel.	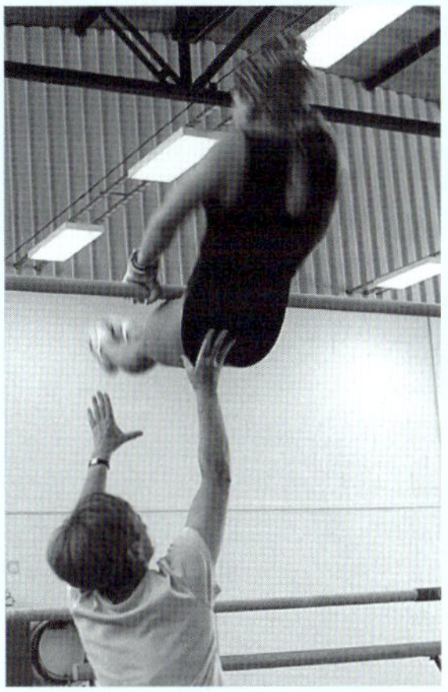

Fehlerkorrektur

→ *Fehlerkorrektur*

Fehler	Maßnahmen
Ungenügende Hüftbeugung (Füße zu weit vom Holm entfernt); Knie (statt Fußriste) in Holmnähe (Hüfte zu hoch, zu geringer Pendelschwung).	Hinweis Übungen zur schnellkräftigen Schließung des BRW. Wiederholtes Einnehmen der Kipplage.
Beim Kippstoß (Strecken der Hüftgelenke) sind die Beine zu weit vom Holm entfernt (falsche Richtung).	Vorübung 2 (Bewegungsführung).
Beugen der Arme während der Hüftstreckung.	Hinweis auf Streckung der Ellenbogengelenke.

Dreh-Sprunghocke

5.9 Dreh-Sprunghocke

Es wird die Ausführung rechts beschrieben.

Technik

→ *Technik*

- Aus dem Innenseitstand vorlings auf dem unteren Holm mit Zwiegriff am oberen Holm (schulterbreiter Griff, Ristgriffhand nahe der Hüfte): Verlagerung des Körpergewichtes auf den Kammgriffarm

mit leichter Drehung des Oberkörpers und Blick in die Bewegungsrichtung. Die Arme sind gestreckt (1).
- Schnellkräftiger Absprung mit ¼ Drehung und Anhocken der Beine sowie Hochziehen des Gesäßes (2).
- Nach Passieren des oberen Holmes erfolgt der Abdruck der Ristgriffhand (3) gefolgt von der Kammgriffhand.
- Mit dem Strecken der Hüftgelenke schwingen beide Arme in Schrägvorhochhalte.
- Die Landung erfolgt im Außenquerstand rechts seitlings (5).

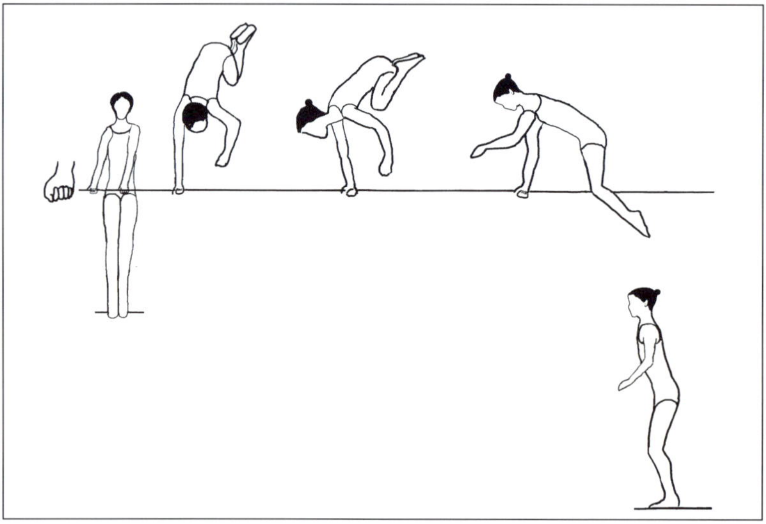

Abb. 48: Dreh-Sprunghocke links

→ *Methodik* **Methodik**

Spezielle vorbereitende Übungen
- Dreh-Sprunghocken im Wechsel links und rechts über die Turnbank.
- Dreh-Sprunghocke über niedrige Sprunggeräte.

Vorübungen
- Dreh-Sprunghocke über ein hüfthohes Reck mit Absprung vom Reutherbrett.
- Dreh-Sprunghocke über den oberen Holm des Stufenbarrens auf eine erhöhte Landestelle, gegebenenfalls auch über niedrigeren Holm (Hüfthöhe) mit Hilfe.
- Dreh-Sprunghocke mit Hilfe.

Zielübung
Aus dem Stand auf dem unteren Holm: Dreh-Sprunghocke.

Leistungssteigerung
- Dreh-Sprunghocke zur anderen Seite.
- Dreh-Sprunghocke mit ½ Drehung.

Helfen

→ ***Helfen und Sichern***

Eine Helferin steht auf dem unteren Holm mit eingehängtem Bein am oberen Holm. Mit Kleidungsgriff wird Zughilfe erteilt. Ein zweiter Helfer sichert die Landung.	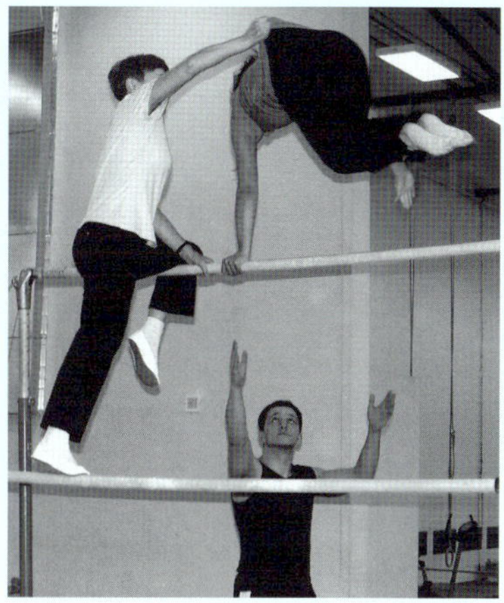

Fehlerkorrektur

→ ***Fehlerkorrektur***

Fehler	Maßnahmen
Handfassung zu weit seitlich vom Körper.	Hinweis auf richtige Ausgangsstellung.
Ungenügender Absprung, keine Gewichtsverlagerung, Arme gebeugt.	Absprungschulung mit Vorübung 1.
Zu geringes Anhocken, nicht ausreichende ¼ Drehung, zu später Abdruck der Ristgriffhand.	Hinweis Vorübungen 1, 2.
Keine Körperstreckung während der Flugphase, Landung mit zu wenig gebeugten Kniegelenken oder in zu tiefer Hockhaltung.	Niedersprünge aus verschiedenen Höhen mit Konzentration auf die Landephase.

5.10 Felgabschwung vorlings

Felgabschwung vorlings

Der Felgabschwung wird an den Geräten Reck[1], Ringe, Barren und Stufenbarren geturnt. Seine Varianten ergeben sich aus den unterschiedlichen Ausgangspositionen (Stand, Innenseitsitz, Stütz, Grätschstand mit Stütz der Arme) und Endpositionen (Stand, Hang) sowie der Möglichkeit im Sinne der Leistungssteigerung zusätzliche Drehungen um die Längen- oder Breitenachse auszuführen. Der Felgabschwung ist eine Übung, die bereits von Anfängern in Schule und Verein gelernt und die auch im Leistungsgerätturnen auf höchstem Niveau geturnt wird.

5.10.1 Aus dem Innenseitsitz: Felgabschwung vorlings in den Stand

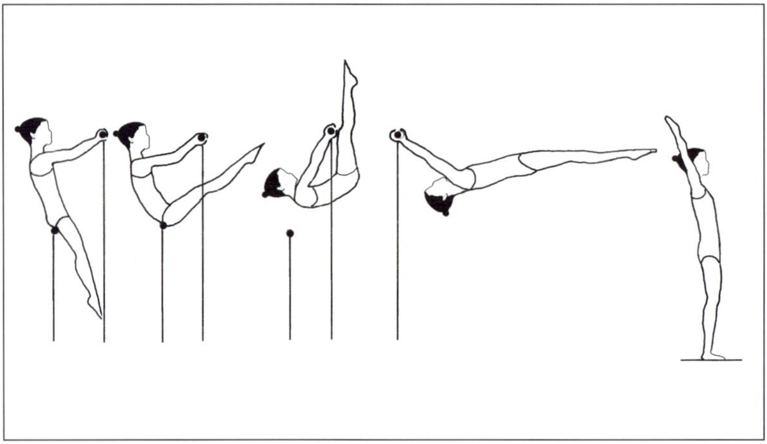

Abb. 49: Aus dem Innenseitsitz: Felgabschwung vorlings in den Außenseitstand rücklings

Technik

→ *Technik*

- Aus dem Innenseitsitz auf dem unteren Holm: Erfassen des oberen Holmes im Ristgriff.
- Nach einem Senken der Beine mit leichtem Beugen der Arme und Vorschieben des Beckens (1) erfolgt eine schnellkräftige Hüftbeugung mit gleichzeitigem Druck der Arme auf die Griffstellen und Verkleinerung des ARW (2). Der Innenseitsitz wird am Ende dieser Bewegung verlassen.

---

1 Vgl. Kap. 4.9

- Die Beine werden in Richtung des oberen Holmes verlagert, und es erfolgt das sofortige Strecken der Hüftgelenke bei gleichzeitiger Vergrößerung des ARW (Felgbewegung). Durch diese Bewegung wird das Becken angehoben, und die Beine werden vom Fußrist bis zu den Kniegelenken am oberen Holm entlang geschoben (3).
- Nach vollständiger Streckung von ARW und BRW wird vom oberen Holm abgedrückt (4), und es erfolgt der Übergang in die Flugphase mit leicht überstreckter Wirbelsäule. Die Landung erfolgt im Außenseitstand rücklings (5).

Methodik

➜ ***Methodik***

Spezielle vorbereitende Übungen

- Schnelles Vorhochschwingen der Beine im Liegen, im Sitz, Hang.
- Üben der Ausholbewegung aus dem Innenseitsitz auf dem unteren Holm.
- Aus dem Stand mit Schwungbeineinsatz: Felgabschwung in den Seitstand rücklings.

Vorübungen

Aus dem Innenseitsitz: Felgabschwung mit Hilfe.

Zielübung

Aus dem Innenseitsitz auf dem unteren Holm: Felgabschwung in den Außenseitstand rücklings.

Leistungssteigerung

- Aus dem Innenseitsitz: Felgabschwung mit ½ Drehung in den Außenseitstand vorlings.
- Felgabschwung mit ½ Drehung in den Hang mit Kreuzzwiegriff.
- Felgabschwung mit ½ Drehung in den Hang mit Ristgriff.
- Aus dem Innenseitstütz am oberen Holm: Felgabschwung in den Außenseitstand rücklings.
- Desgleichen mit ½ Drehung in den Hang.
- Aus dem Aufgrätschen auf dem oberen Holm: Felgabschwung in den Außenseitstand rücklings.
- Aus dem Aufgrätschen auf dem oberen Holm: Felgabschwung mit ½ Drehung in den Außenseitstand vorlings.
- Aus dem Aufgrätschen auf dem oberen Holm: Felgabschwung mit ½ Drehung in den Hang.

→ *Helfen und Sichern*

Helfen

Die Helferin steht im Innenquerstand. Eine Hand fasst zum Rücken und unterstützt damit den Vorschwung des Körpers, die andere erteilt Schubhilfe am Gesäß sobald der untere Holm verlassen wird.	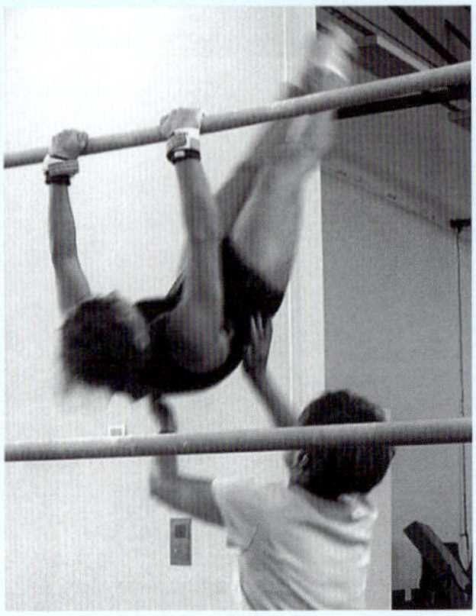

→ *Fehlerkorrektur*

Fehlerkorrektur

Fehler	Maßnahmen
Kein aktives Senken der Beine in der Vorbereitungsphase.	Ausgangsposition (Ausholbewegung) üben.
Armzug zu zeitig, Gesäß verlässt vorzeitig den Holm.	Hinweis. Ausholbewegung wiederholen.
Ungenügende Verkleinerung des ARW, zu geringer Armzug während der Aufwärtsverlagerung des Körpers sowie zu geringes Aufschwingen des Körpers.	Hinweis. Orientierungspunkte für die Richtung der Beinbewegung bei der Öffnung des BRW angeben.
Kein Abdruck vom oberen Holm und eine zu flache Flugphase.	Hinweis. Felgabschwung aus dem Stand wiederholen.

5.10.2 *Felgabschwung vorlings mit ½ Drehung in den Hang*

Felgabschwung vorlings mit ½ Drehung in den Hang

→ *Technik*

Technik

- Aus dem Innenseitsitz auf dem unteren Holm: Erfassen des oberen Holmes im Kreuzzwiegriff (1).
- Nach aktivem Senken der Beine mit leichtem Beugen der Arme und Vorschieben des Beckens (Überstreckung) erfolgt eine schnellkräftige Hüftbeugung mit gleichzeitigem Druck der Arme auf den Holm und Verkleinerung des ARW (2–3).

- Die Einleitung der ½ Drehung erfolgt am Ende des Vorschwunges durch aktiven Bein- und Hüfteinsatz in Drehrichtung, wobei die Schulter schnell in die Drehung hineingeführt wird. Es erfolgt mit der Drehung das sofortige Strecken der Hüft- und Schultergelenke. Durch Druck gegen den oberen Holm wird der Körper weit von der Drehachse entfernt (4).
- Der Vorschwung in Richtung des unteren Holmes erfolgt mit gestreckten und gespannten Körper und Beinen (5).

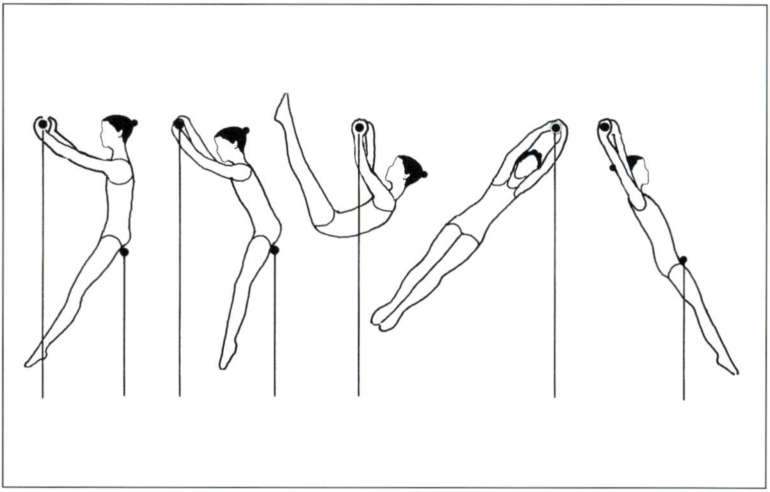

Abb. 50: Aus dem Innenseitsitz: Felgabschwung mit ½ Drehung in den Hang

Methodik

➜ *Methodik*

Spezielle vorbereitende Übungen

- Am Boden: Vorspreizen eines Beines mit ½ Drehung (Einleitung der Drehung durch Fußspitzen und Hüfte).
- Aus dem Innenseitsitz: Felgabschwung in den Außenseitstand.

Vorübungen

Aus dem Innenseitsitz: Felgabschwung in den Außenseitstand mit ½ Drehung und Hilfe.

Zielübung

Aus dem Innenseitsitz: Felgabschwung mit ½ Drehung in den Hang.

Leistungssteigerung

- Felgabschwung mit Ristgriff und ½ Drehung.
- Felgabschwung in Verbindungen.

→ *Helfen und Sichern*

Helfen

<table>
<tr><td>Die Helferin steht im Innenquerstand, die eine Hand fasst zum Rücken und unterstützt damit den Vorschwung, die andere Hand erteilt Schub- und Drehhilfe am Gesäß / Hüfte, sobald der untere Holm verlassen wird.</td><td>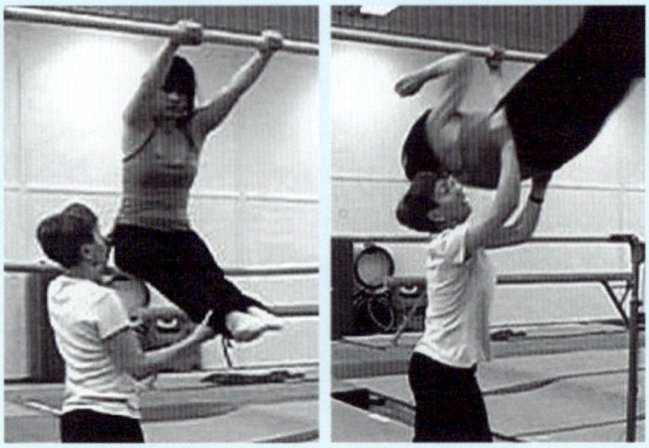</td></tr>
</table>

→ *Fehlerkorrektur* [2]

Fehlerkorrektur

Fehler	Maßnahmen
½ Drehung unvollständig oder zu spät, d. h. am Ende des Vorschwungs nicht abgeschlossen.	Boden: Vorspreizen eines Beines mit ½ Drehung. Hinweis auf Drehtechnik.
Vorschwung zum oberen Holm nicht in Bewegungsebene.	Hinweis auf Richtung der Felgbewegung; Ausführung der ½ Drehung am Umkehrpunkt mit sofortiger Körperstreckung.
Arme nach ½ Drehung nicht gestreckt.	Hinweis.
Fehlende Körperstreckung beim Vorschwung zum unteren Holm, keine Körperspannung, keine fixierten Beine.	Hinweis.

5.10.3 Aufgrätsch-Felgabschwung

Aufgrätsch-Felgabschwung

→ *Technik*

Technik

- Aus dem relativ engen Grätschstand (Ballenstand) auf dem unteren Holm erfolgt der Abschwung rückwärts mit gestreckten Armen (Ristgriff) und Kniegelenken, wobei der Druck gegen den Holm während des gesamten Abschwunges aufrechterhalten wird (1–3).

2 Vgl. auch: Aus dem Innenseitsitz: Felgabschwung in den Außenseitstand

- Etwa 45 Grad nach Passieren der Vertikalen unter der Stützstelle erfolgt das Lösen der Füße, Strecken der Hüft- und Schultergelenke verbunden mit einem aktiven Wegschieben des Körpers vom Gerät (4–6).
- Die Beine werden in der Flugphase geschlossen, und die Übung endet im Außenseitstand rücklings (7).

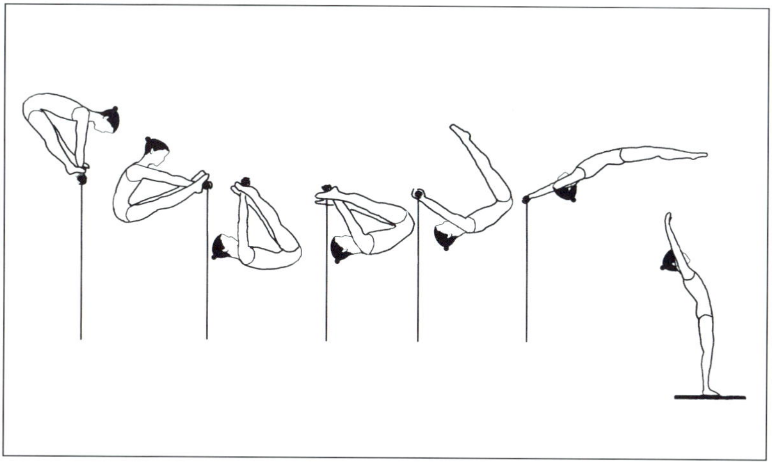

Abb. 51: Aufgrätsch-Felgabschwung in den Außenseitstand rücklings

Methodik

→ *Methodik*

Spezielle vorbereitende Übungen

- Aus dem Stand: Felgabschwung.
- Schwingen im Aufgrätsch-Hang mit Hilfe.

Vorübungen

Aufgrätsch-Felgabschwung mit Hilfe.

Zielübung

Aufgrätsch-Felgabschwung in den Außenseitstand rücklings.

Leistungssteigerung

- Aus dem Stütz am oberen Holm: Aufgrätsch-Felgabschwung in den Außenseitstand rücklings.
- Aus dem Stütz am oberen Holm: Aufgrätsch-Felgabschwung mit ½ Drehung in den Außenseitstand vorlings.
- Aus dem Stütz am oberen Holm: Aufgrätsch-Felgabschwung mit ½ Drehung in den Hang.

→ *Helfen und Sichern*

Helfen

Die Helferin steht im Innenschrägstand und drückt den Fuß mit der einen Hand an den Holm. Mit der anderen Hand erfolgt beim Durchschwingen des Vertikalbereiches Schubhilfe am Rücken.	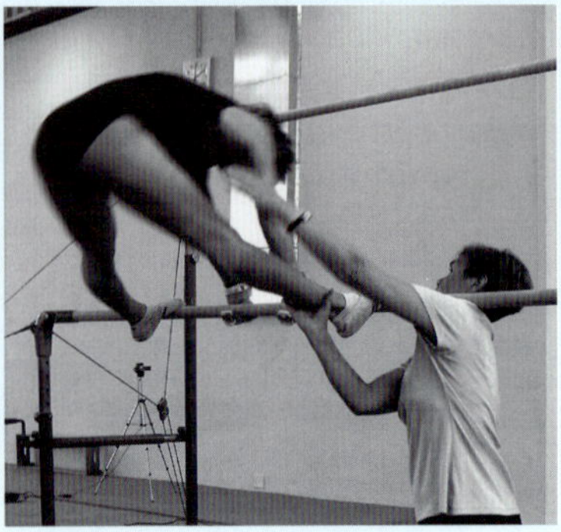

→ *Fehlerkorrektur*

Fehlerkorrektur

Fehler	Maßnahmen
Zu weites Aufgrätschen.	Hinweis.
Beugen der Arme und Kniegelenke beim Abschwung.	Hinweis.
Zu frühes Lösen der Füße vom Holm.	Längere Aufrechterhaltung des Druckes gegen den Holm (Zug der Arme und Druck der Füße); Sichtpunkt angeben.
Zu spätes Lösen der Füße vom Holm.	Zughilfe an den Unterschenkeln; Sichtpunkt angeben.

5.11 Kniehang-Abschwung

Kniehang-Abschwung

→ *Technik*

Technik

- Aus dem Knieliegehang mit Ristgriff am oberen Holm: Anheben und Verlagern des Beckens sowie des Schultergürtels nach hinten-oben (Entfernen des KSP von der Drehachse), Arme gestreckt.
- Der Abschwung beginnt durch Lösen des Griffes. Dabei wird der Kopf in den Nacken genommen, die Arme sind gestreckt, die Hüftgelenke sind leicht überstreckt (1).
- Im Bereich der Vertikalen unter der Drehachse erfolgt ein Seitführen der Arme, so dass sie nicht den Boden berühren (2).
- Nach Passieren des Tiefpunktes werden die Arme bei Beibehaltung der überstreckten Körperhaltung vor-hoch geschwungen.

– Bei Erreichen der annähernden Horizontallage des Körpers (Hüfte etwas unterhalb der Holmhöhe) erfolgt das Strecken und damit Lösen der Kniegelenke von der Drehachse/Holm (3, 4).
– Der Abschwung endet im Außenseitstand rücklings (5).

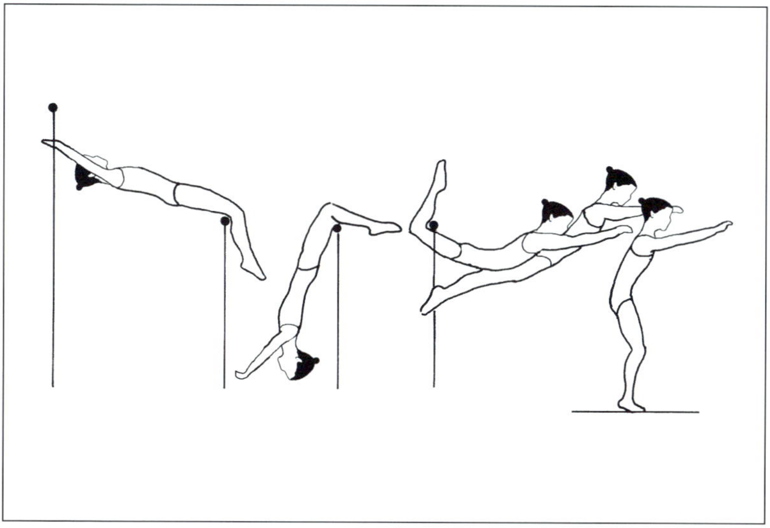

Abb. 52: Kniehang-Abschwung (Ausführung von Turnerin)

Methodik

➜ *Methodik*

Spezielle vorbereitende Übungen
– Schwingen im Kniehang.
– Mehrmaliges Schwingen im Kniehang mit anschließendem Abgang (Hilfe).

Vorübungen
Kniehang-Abschwung mit Hilfe.

Zielübung
Kniehang-Abschwung.

Leistungssteigerung
– Aus dem Innenseitsitz auf dem unteren Holm: Kniehang-Abschwung in den Hang am oberen Holm.
– Aus dem Innenseitsitz auf dem unteren Holm: Kniehang-Abschwung mit ½ Drehung in den Hang am oberen Holm.

→ *Helfen und Sichern*

Helfen

Die Helferin steht im Innenquerstand. Eine Hand erteilt Drehhilfe durch Kleidungsgriff an den Hüften. Die andere Hand drückt die Unterschenkel gegen den Holm, um ein vorzeitiges Öffnen der Kniewinkel zu verhindern. In der Endphase des Abschwunges wird das Aufrichten des Oberkörpers durch Schubhilfe am Oberkörper unterstützt.	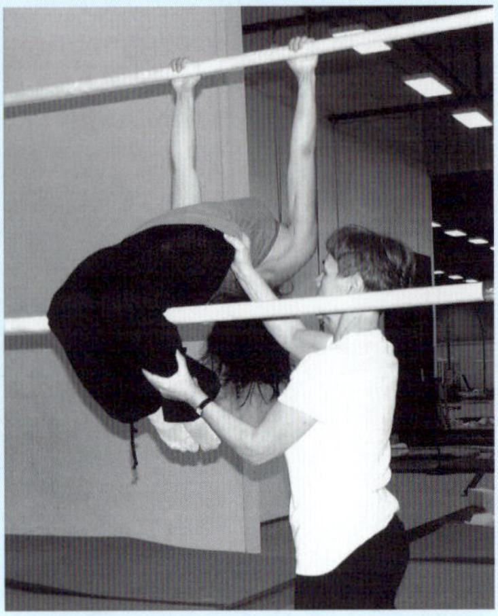

→ *Fehlerkorrektur*

Fehlerkorrektur

Fehler	Maßnahmen
Becken nicht angehoben und nicht überstreckt, Arme gebeugt, Kopf nicht in Nackenhalte;	Korrektur der Ausgangsstellung.
Hüfte im Abschwung gebeugt bzw. ungenügend überstreckt;	Hinweis. Vorübung 1.
Zu frühes Lösen der Kniegelenke.	Hinweis. Hilfe durch Druck auf den Unterschenkel.
Körper in Endphase des Aufschwunges gebeugt, Oberkörper nicht aufgerichtet.	Hinweis auf aktives Vor-hoch-Schwingen der Arme.

5.12 Wende

Wende

Es wird die Ausführung rechts beschrieben.

→ *Technik*

Technik

– Aus dem Außenseitstütz vorlings am oberen Holm: Linke Hand im Kammgriff am oberen Holm (nahe der Hüfte), rechter Arm in Vorhalte (1).

- Senken des Oberkörpers bei gleichzeitigem Beinrückschwung und Abdruck der Hüfte vom Holm sowie Erfassen des unteren Holmes mit Ristgriff in Verlängerung der Schulter (2).
- Mit dem Abdruck der Hüfte erfolgt die Gewichtsverlagerung auf den Stützarm, und der Körper schwingt mit einer ¼ Drehung um die Körperlängenachse in den flüchtigen Querhandstand (3).
- Nach Passieren des Vertikalbereiches drückt der linke Arm vom oberen Holm ab und es erfolgt ein sofortiges Erfassen des unteren Holmes mit der linken Hand im Ristgriff. Der Stützarm (re) wird ebenfalls abgedrückt und schwingt in die Vorhochhalte, wodurch das Aufrichten des Oberkörpers unterstützt wird.
- Die Landung erfolgt im Außenquerstand links seitlings (4).

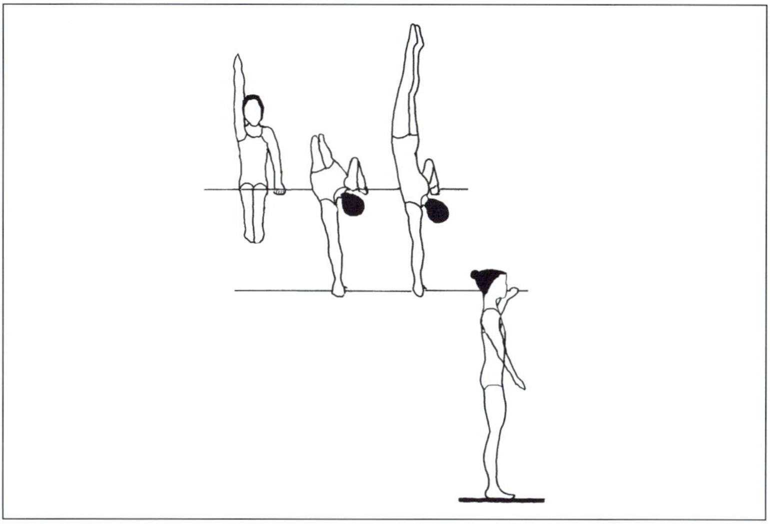

Abb. 53: Wende rechts

Methodik

➜ *Methodik*

Spezielle vorbereitende Übungen

- Wende am Stützbarren.
- Am Boden: Schwingen in den Handstand.
- An der Sprossenwand: Schwingen in den Querhandstand (eine Hand stützt auf dem Boden, die andere Hand erfasst die 5. bzw. 6. Sprosse (Erteilen von Gleichgewichtshilfe)).
- Aus dem Innenseitstütz am unteren Holm des Stufenbarrens: Schwingen in den Querhandstand mit Stütz auf einem Kasten/ Turnhocker mit Hilfe. (Der Abstand des Holmes zur Stützstelle sollte dem Abstand der Holme entsprechen).

Vorübungen
Aus dem Außenseitstütz am oberen Holm (eine Hand im Kammgriff am oberen Holm, eine Hand im Ristgriff am unteren Holm, Hüfte gestreckt): Aktives Beugen der Hüftgelenke mit nachfolgendem kräftigen Abdruck und Rückschwung des Körpers bis in den Querhandstand, Wende mit Hilfe.

Zielübung
Aus dem Außenseitstütz am oberen Holm: Wende.

Leistungssteigerung
Aus dem Außenseitstütz am oberen Holm: Schwingen in den flüchtigen Seithandstand auf dem unteren Holm, Wende.

→ *Helfen und Sichern*

Helfen

Die Helferin steht auf dem unteren Holm mit eingehängtem Bein am oberen Holm.
Mit Kleidungsgriff wird Zughilfe erteilt, die andere Hand gibt Schubhilfe am Oberschenkel.
Ein weiterer Helfer unterstützt das Passieren des unteren Holmes durch Zughilfe mit Stützgriff.

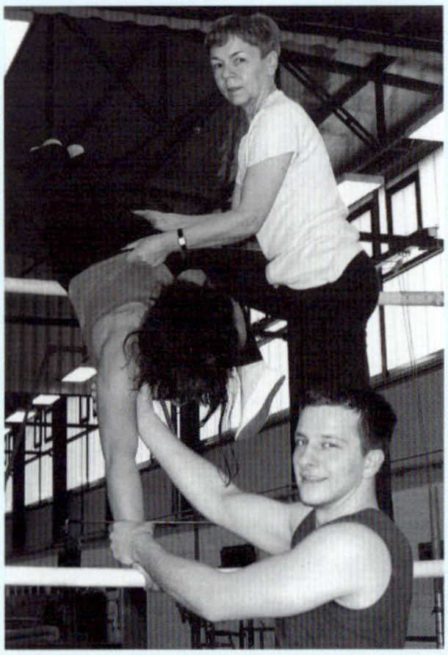

→ *Fehlerkorrektur*

Fehlerkorrektur

Fehler	Maßnahmen
Körper schwingt zu flach über den unteren Holm.	Ausgangsstellung korrigieren, Stützarm in Verlängerung der Schulter.
Stützarm gebeugt	Hinweis, Vorübung.
Flüchtiger Handstand wird nicht erreicht.	Rückschwung verstärken, Hilfe.
Kein Aufrichten des Oberkörpers in der Landephase.	Abdruck vom Gerät verstärken bei zeitigerem Lösen des Stützarmes.

Handstütz-Überschlag seitwärts

5.13 Handstütz-Überschlag seitwärts

Es wird die Ausführung links beschrieben.

Technik

→ *Technik*

- Aus dem Außenseitstütz vorlings am oberen Holm: Die rechte Hand erfasst dicht neben der Hüfte den oberen Holm im Kammgriff, der linker Arm ist in Hochhalte (1).
- Senken des Oberkörpers bei gleichzeitigem Abdruck der Hüfte vom Holm, aktivem Beinrückschwung sowie Erfassen des unteren Holmes im Ristgriff. Die Stützhand befindet sich in Verlängerung der Schulter (2).
- Mit dem Abdruck der Hüfte und Rückschwung der Beine erfolgt eine vollständige Gewichtsverlagerung auf den Stützarm, und der Körper schwingt mit einer Vierteldrehung über den flüchtigen Querhandstand (3).
- Durch nacheinander folgenden Abdruck des rechten Armes vom oberen Holm (3/4) sowie des linken Armes vom unteren Holm erfolgt das Seitabschwingen des gestreckten Körpers in den Außenquerstand links seitlings, die Arme sind dabei in Schräghochhalte (5).

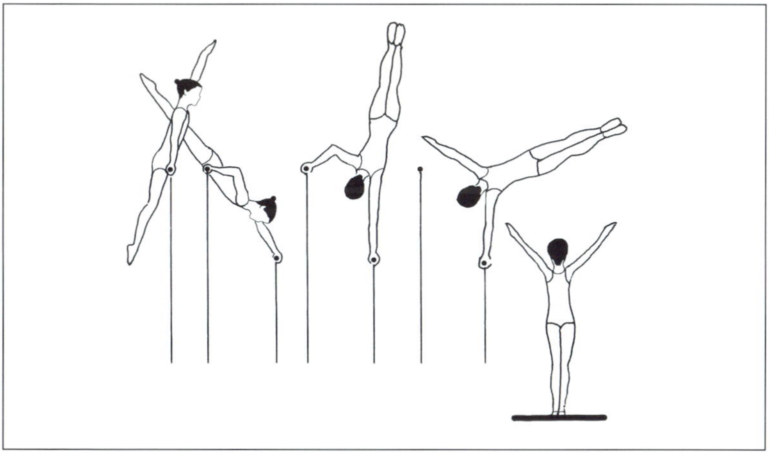

Abb. 54: Handstütz-Überschlag links seitwärts

Methodik

→ *Methodik*

Spezielle vorbereitende Übungen

- Handstütz-Überschlag seitwärts am Boden.
- Schwingen in den Querhandstand an der Sprossenwand (vergl. Wende).
- Schwingen in den Querhandstand-Wende.

Vorübungen
- Aus dem Innenseitstütz am unteren Holm/Reckstange: Schwingen in den Querhandstand (Stützarm auf Kasten/Turnhocker), Handstütz-Überschlag seitwärts mit Hilfe.
- Aus dem Außenseitstütz am oberen Holm, eine Hand im Kammgriff am oberen Holm, die andere Hand im Ristgriff am unteren Holm, Hüfte gestreckt: Beugen der Hüftgelenke mit nachfolgendem Abdruck und Aufschwingen mit einer Vierteldrehung in den Querhandstand, Seitabschwingen in den Außenquerstand mit Hilfe.

Zielübung
Aus dem Außenseitstütz vorlings am oberen Holm: Handstütz-Überschlag seitwärts in den Außenquerstand links seitlings.

Leistungssteigerung
- Handstütz-Überschlag seitwärts mit ¼ Drehung auswärts in den Außenseitstand rücklings.
- Handstütz-Überschlag seitwärts in Verbindungen.

→ *Helfen und Sichern*

Helfen

Die Helferin steht auf dem unteren Holm mit eingehängtem Bein am oberen Holm. Mit Kleidungsgriff wird Zughilfe erteilt, die andere Hand gibt Schubhilfe am Oberschenkel. Ein zweiter Helfer unterstützt durch Zughilfe mit Stützgriff das Passieren des unteren Holmes und die Landung.	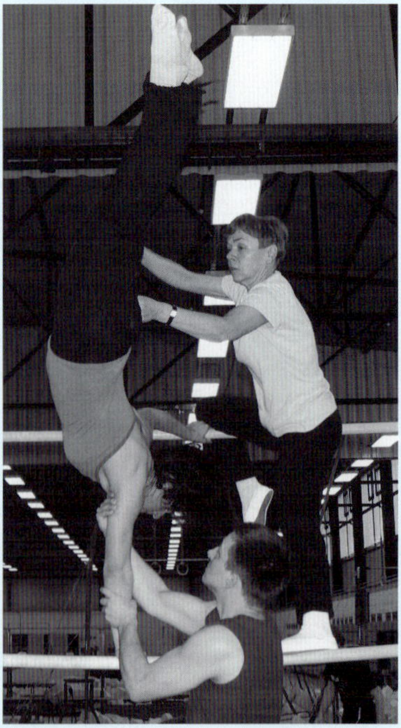

Fehlerkorrektur

→ *Fehlerkorrektur*

Fehler	Maßnahmen
Körper schwingt nicht über die Senkrechte.	Abdruck von der Hüfte und Rückschwung der Beine verstärken; Kontrolle der Griffstelle des Stützarmes (Stütz in Verlängerung der Schulter); Hilfe.
Stützarm gebeugt.	Hilfe durch Stütz an der Schulter; Vorübung 2.
Hüfte während des Abschwunges gebeugt.	Hinweis, Körperspannung erhöhen; Vorübung 2.
Landung zu nahe am Gerät.	Handabdruck vom oberen Holm (Arm aktiv strecken) und vom unteren Holm verstärken.

Anhang

Literaturverzeichnis

Sachwortverzeichnis

Literaturverzeichnis

Arnold, K. & Leirich, J. (2005). *Gerätturnen – Terminologie*. Ebenhausen: Lochner-Verlag.

Boddien, W. et al. (1986). *Gerätturnen in der Schule*. Berlin: Volk und Wissen.

Borrmann, G. (Hrsg.) (1974). *Gerätturnen*. Berlin: Sportverlag.

Buchmann, G. & Härtig, R. (1988). *Gerätturnen – Trainingsmethodik*. Berlin: Sportverlag.

Deutscher Turner-Bund (2008). *Aufgabenbuch Gerätturnen weiblich*. Frankfurt (Main).

Deutscher Turner-Bund (2008). *Aufgabenbuch Gerätturnen männlich*. Frankfurt (Main).

Gerling, I. (2005). *Gerätturnen für Fortgeschrittene, Bd. 1,* Boden und Schwebebalken. Aachen: Meyer & Meyer.

Gerling, Ilona (2006). *Basisbuch Gerätturnen für alle*. Aachen: Meyer & Meyer.

Gerling, I. (2006). *Kinderturnen – Helfen und Sichern*. Aachen: Meyer & Meyer.

Gerling, I. (2008). *Gerätturnen für Fortgeschrittene, Bd. 2,* Sprung-, Hang- und Stützgeräte. Aachen: Meyer & Meyer.

Hafner, S. (2009). *Turnen in der Schule* (Praxisideen Band 37). Schorndorf: Hofmann.

Hirtz, P. (Hrsg.) (1988). *Koordinative Fähigkeiten im Schulsport*. Berlin: Volk und Wissen.

Hirtz, P. (1994). Koordinative Fähigkeiten. Koordinationstraining. In G. Schnabel, D. Harre & A. Borde (Hrsg.), *Trainingswissenschaft* (S. 137-145 und 309-315). Berlin: Sport und Gesundheit.

Hofmann, S., Härtig, R. & Buchmann, G. (1988). *Gerätturnen – Trainingsmethodik*. Berlin: Sportverlag.

Hotz, A. (1997). *Qualitatives Bewegungslernen*. Bern: Zumikon.

Knirsch, K. (1991). *Fundamentum des Gerätturnens*. Kirchentellinsfurt: Knirsch.

Knirsch, K. (1997). *Lehrbuch des Gerät- und Kunstturnens. Band 1*. Kirchentellinsfurt: Knirsch.

Knirsch, K. (2003). *Lehrbuch des Gerät- und Kunstturnens. Band 2*. Kirchentellinsfurt: Knirsch.

Knirsch, K. & Minnich, M. (2005). *Gerätturnen mit Mädchen und Frauen*. Kirchentellinsfurt: Knirsch.

Leirich, J. (1985). Richtiges Helfen und Sichern – ein Beitrag zum Gesundheitsschutz und erfolgreichem Lernen im Gerätturnen. *Körpererziehung,* 36, 1, 24–29.

Leirich, J., Bernstein, H.-G. & Gwizdek, I. (2007). *Turnen an Geräten* (Praxisideen Band 29). Schorndorf: Hofmann.

Meinel, K. & Schnabel, G. (2007). *Bewegungslehre-Sportmotorik: Abriss einer Theorie der sportlichen Motorik unter pädagogischem Aspekt*. Aachen: Meyer & Meyer.

Rieling, K., Leirich, J. & Heß, R. (1967-1969). *Zur strukturellen Anordnung der Übungen des Gerätturnens. Theorie und Praxis der Körperkultur.* Berlin.

Rieling, K. et al. (1975). *Gerätübungen*. Berlin: Volk und Wissen.

Schack, T. (2005). Bausteine der Handlungssteuerung. In S. Leuchte (Hrsg.), *Sportmotorik – Konzepte, Repräsentationen und Visionen* (Schriften der Vereinigung für Sportwissenschaft, Band 149). Hamburg: Czwalina.

Schmidt, D. et al. (1987). *Gerätturnen – Anleitung für den Übungsleiter.* Berlin: Sportverlag.

Schnabel, Harre, Krug & Borde (Hrsg.) (2003). *Trainingswissenschaft*. Berlin: Sportverlag.

Timmermann, H. (2008). *Gerätturnen*. Wiesbaden: Limpert.

Wendt, H. et al. (1983). *Terminologie – Rhythmische Sportgymnastik*. Berlin: Sportverlag.

Sachwortverzeichnis

Band 1: Turnen an Geräten

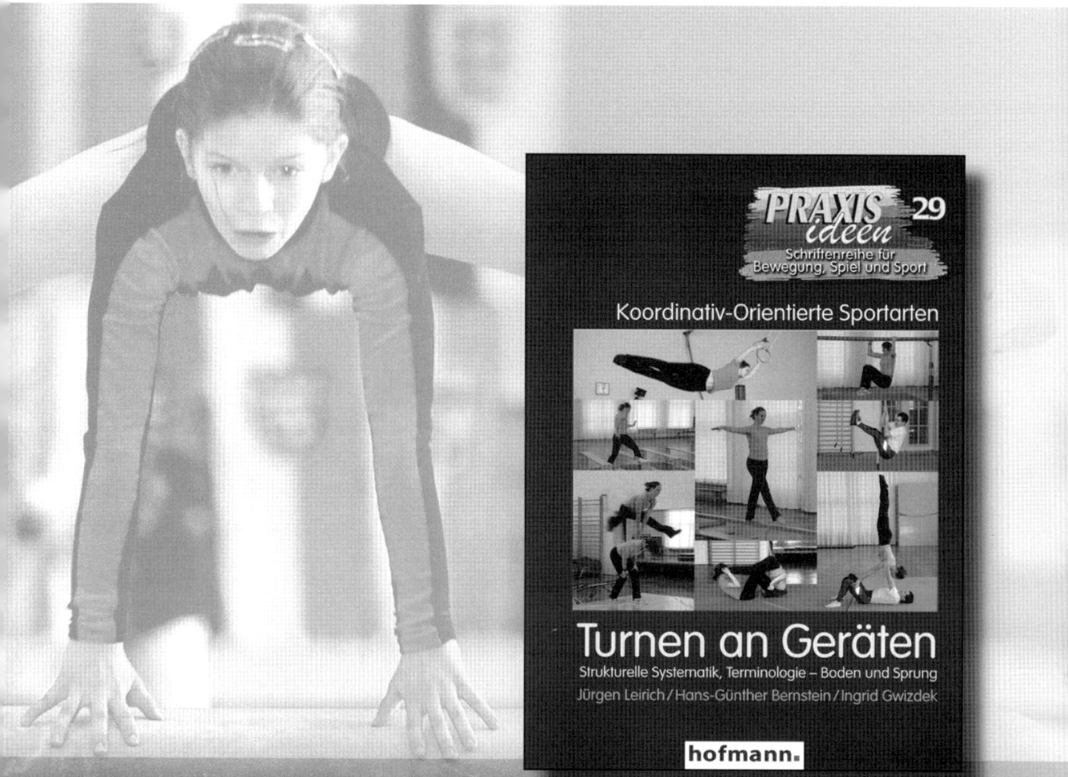

Strukturelle Systematik, Terminologie – Boden und Sprung

Prof. Dr. Jürgen Leirich / Dr. Hans-Günther Bernstein / Dr. Ingrid Gwizdek

Dieses Buch widmet sich den theoretischen, methodischen und praktischen Grundlagen. Im Turnen können vielfältige Bewegungs- und Körpererfahrungen gesammelt werden, die das Erlernen von Fertigkeiten im Gerätturnen, aber auch in anderen Sportarten vorbereiten und erleichtern. In der Schule, aber auch in anderen Anwendungsbereichen des Freizeit- und Breitensports, werden zunehmend wieder Inhalte, Geräte sowie Übungs- und Organisationsformen des so genannten „Alternativen Turnens" – also nicht des formgebundenen und traditionellen Gerätturnens – angewendet. Der Band enthält dazu viele anschaulich dargestellte Anregungen für alle Altersgruppen, eben Praxisideen.

DIN A5, 168 Seiten, ISBN 978-3-7780-0291-9, **Bestell-Nr. 0291** **€ 16.90**

hofmann. VERLAG

Steinwasenstraße 6–8 · 73614 Schorndorf
Telefon (07181) 402-125 · Telefax (07181) 402-111
E-Mail: bestellung@hofmann-verlag.de · www.hofmann-verlag.de